»Hami Nguyen versteht es, Ungerechtigkeit so pointiert wie wenige andere auf den Punkt zu bringen. Ihre Arbeit ist interessant und notwendig.«

Madeleine Darya Alizadeh
(@dariadaria)

»Die Texte von Hami Nguyen sind intensiv und augenöffnend. Es geht um Identität, Zugehörigkeit – und einen oft übersehenen Teil deutscher Geschichte.«

Alexandra Zykunov

»Eine außergewöhnliche, packend erzählte Familiengeschichte, die mich teilweise bestürzt, aber vor allem tief berührt hat.«

Nora Imlau

Hami Nguyen

Das Ende der Unsichtbarkeit

Hami Nguyen

DAS ENDE DER UNSICHTBARKEIT

Warum wir über anti-*asiatischen* Rassismus sprechen müssen

Ullstein

Besuchen Sie uns im Internet:
www.ullstein.de

Wir verpflichten uns zu Nachhaltigkeit
- Papiere aus nachhaltiger Waldwirtschaft und anderen kontrollierten Quellen
- Druckfarben auf pflanzlicher Basis
- ullstein.de/nachhaltigkeit

In diesem Buch werden rassistische Gewalt, Polizeigewalt, Mord, Suchterkrankungen, Drogenkonsum und sexualisierte Gewalt beschrieben.

MIX
Papier
FSC FSC® C014496

Ullstein ist ein Verlag der Ullstein Buchverlage GmbH
ISBN 978-3-550-20257-5

Umschlaggestaltung: FAVORITBUERO, München
Umschlagmotiv: © decentchaos/shutterstock
Gesetzt aus der Minion Pro
Satz: LVD GmbH, Berlin
Druck und Bindearbeiten: GGP Media GmbH, Pößneck

Dành cho mẹ.
Für meine Mama.

INHALT

PROLOG

Ich war zwei Jahre alt, als ich mit meiner Mutter nach Deutschland floh. Heute liege ich neben meiner zweijährigen Tochter, und ich bekomme einen Kloß im Hals. Mein Herz wird ganz schwer, wenn ich an mein früheres Ich denke und mich frage, ob ich mein Zuhause nach der Flucht vermisst habe. Die schwüle Sommerluft, die morgendlichen Motorradgeräusche, die klappernden Stäbchen und das Schlürfen der Arbeiter*innen, die den Tag mit einer heißen *Phở* begannen. Meine Großeltern, meine Tanten und Onkel, die nebenan wohnten und die ich jeden Tag um mich hatte. Solche nächtlichen Gedanken sind stark nostalgisch. Sie speisen sich aus romantisierten Geschichten, die ich gehört oder gelesen habe, sowie aus eigenen Erfahrungen, die ich zwei Jahrzehnte später bei meinen Besuchen in Vietnam gesammelt habe.

Ich erlebe täglich, wie viel mein Kind schon weiß, wie sehr meine Tochter ihre Routinen braucht, wie schlecht sie in einer neuen Umgebung schläft. Wie ging es mir damals? Diese Geschichte ist meine und doch geht sie uns alle etwas an.

Fangen wir von vorn an.

1

UNFREIWILLIG AKTIVISTISCH

In Deutschland leben derzeit über 100 000 Menschen vietnamesischer Herkunft.[1] Wir sind eure Nachbar*innen, bedienen euch in euren Lieblingsbistros um die Ecke, und wir sind diejenigen, die eure Nägel alle paar Wochen neu machen. Wir sitzen neben euch in der Schule, im Verein und am Arbeitsplatz. Wir leben mittlerweile in der dritten Generation in Deutschland und doch sind wir unsichtbar. Es gibt nicht viele Personen der Öffentlichkeit, die vietnamesische Wurzeln haben, nur wenige Professor*innen und so gut wie keine Politiker*innen. Selbst in Rassismusdebatten werden wir noch immer viel zu oft ausgeklammert. In Talkshows und Panels zu Rassismus und Polizeigewalt in Deutschland sitzen selten Menschen mit vietnamesischen Wurzeln. Und doch wurden die ersten vietnamesischen Geflüchteten 1980 von rechtsextremen Täter*innen ermordet. Die Pogrome in den 1990ern in Hoyerswerda und Rostock-Lichtenhagen haben sich in unser kollektives Gedächtnis eingebrannt. Polizeigewalt und Racial Profiling waren insbesondere in den 1990er-Jahren für vietnamesische Menschen an der Tagesordnung. Wir schwiegen darüber, weil ihr darüber geschwiegen habt. Viel zu lange wurden rassistische Übergriffe an Vietnames*innen ignoriert oder falsch eingeordnet und banalisiert.

Es gibt auch kaum Wissenschaftler*innen, die sich mit der vietnamesischen Community in Deutschland beschäftigen, und erst in den vergangenen Jahren schreiben Journalist*innen vermehrt über vietnamesisch-deutsche Geschichten. Diese Entwicklungen wurden vor allem von Menschen aus der Community selbst vorangetrieben. Dabei ist die Geschichte vietnamesischer Einwander*innen in Deutschland einzigartig. Menschen, die aus demselben Herkunftsland kamen und deren Lebenswege dennoch unterschiedlicher nicht sein konnten. Deswegen ist die vietnamesische Community in Deutschland auch so heterogen. Das wissen die meisten Mitglieder der Dominanzgesellschaft nur nicht, denn für sie sind wir alle gleich. Was uns jedoch vereint, sind die Diskriminierungserfahrungen, die genau aus einer bestimmten Art der Homogenisierung resultieren. Es ist ein globales Phänomen, das Menschen, die vermeintlich oder wirklich ost- beziehungsweise südostasiatische Wurzeln haben, in den USA oder europäischen Ländern erleben. Seit Beginn der Corona-Pandemie zeigen sich die Effekte so deutlich wie noch nie und die Erfahrungsberichte über gewaltvolle Übergriffe und rassistische Beleidigungen häufen sich weltweit.

Mein Nachname ist Nguyen. Nguyễn, um genau zu sein. Für viele sind wir gleich, die Nguyễns. Ein schwer auszusprechender Name und zugleich so bekannt. Tatsächlich ist es auch ein weit verbreiteter Name in Vietnam. Rund fünfzig Prozent der Vietnames*innen heißen Nguyễn.[2] Auch hier in Deutschland leben viele Nguyễns. Wenn ich unsere Biografien und unsere Geschichten betrachte, dann denke ich, dass wir auch neben unserem Nachnamen wirklich viele Gemeinsamkeiten haben. Die eine ist, dass unsere Wurzeln in Vietnam liegen, wir jetzt hier in Deutschland leben und als eine homogene Gruppe wahrgenommen werden. Wir werden nicht als Individuen angesehen, und es wird davon ausgegangen, dass wir uns alle kennen. »Bist du mit Herrn Nguyễn verwandt?« Doch nicht nur wir, die Vietnames*innen, werden als eine Gruppe wahrgenommen, sondern mit uns auch alle Menschen mit ost- oder südostasiatischen Bezügen. Ob aus China, Thailand, Korea, Vietnam – das sind die *Asiat*innen*. Das sind die mit den schwarzen Haaren, interessanten Essgewohnheiten und einer seltsam klingenden Sprache. Das sind aber auch die aus dem Land, in dem man einen schönen Backpacking-Urlaub machen kann, noch so ganz authentisch.

Die andere Gemeinsamkeit ist unsere Unsichtbarkeit und der Glaube daran, dass sie uns hilft. Doch das ist ein Trugschluss, denn sie half uns nicht. Nicht auffallen, nicht herausfallen und dann fallen. Unsere Unsichtbarkeit machte uns lange Zeit sprachlos. Unsere Sprachlosigkeit ließ die anderen glauben, wir hätten ein gutes

Leben als »Vorzeigeminderheit«. Sie ließ uns glauben, dass wir kein Anrecht auf unsere Sprache hätten. Vielen von uns wurde jahrzehntelang so viel genommen, und wir gaben uns damit zufrieden, hier überhaupt existieren zu dürfen, auch wenn wir bei »Ausländer raus!« immer mitgemeint waren. Das stand in großer roter Schrift an der Hauswand des Plattenbaus, in dem meine Familie und ich lange Zeit lebten, und ich verstand die Bedeutung, noch bevor ich lesen konnte. Die großen roten, schnell an die Wand gesprühten Buchstaben sahen bereits nach Bedrohung aus. Daneben malten wir mit Kreide bunte Blumen, um dieses Gefühl etwas abzumildern, und aus der Perspektive meines sechsjährigen Ichs konnten diejenigen, die diese gefährlich wirkenden Buchstaben an die Wand malten, ja nicht wirklich etwas Böses wollen, wenn sie unsere schönen Blumen daneben nur sehen würden.

Die Erwachsenen schwiegen vor uns Kindern darüber. So wusste ich lange Zeit nicht, wie unsere Geschichte in Deutschland überhaupt begann und warum wir hier waren. Ich verstand nicht, warum mein Vater oft nicht da war und es zu Hause eigentlich immerzu nur Streit gab. Ich wusste nur, dass alle Mitglieder der Gemeinschaft ihren Beitrag leisten mussten. Nach dem Essen musste der Tisch abgeräumt, die Unterlagen für die Ausländerbehörde mussten übersetzt und ausgefüllt werden, und als Kind fragte ich generell nicht so viel nach. Vor allem nicht, warum meine Eltern überall, nur nicht in einem Wohnheim für Geflüchtete leben wollten.

Ich hörte die Worte cẩn thận (vorsichtig sein) und ghét người nước ngoài (Ausländerhass) und ich verstand nicht, was sie mit uns zu tun hätten.

Ich glaube, viele Menschen gehen fälschlicherweise davon aus, dass Menschen mit vietnamesischen, koreanischen und chinesischen Wurzeln, *Asiat*innen,* nicht so sehr von Hass und Gewalt betroffen seien, denn schließlich seien wir ja sehr gut integriert. Gut integriert meint vor allem, dass wir größtenteils nicht besonders auffallen, und es vermeintlich keine schlimmen rassistischen Angriffe gegen uns gibt und gab. Doch die Geschichte Deutschlands enthält ganz andere Fakten, die in der breiten Öffentlichkeit lange Zeit nicht eingeordnet und auch nicht verbreitet wurden. Die Pogrome in Rostock-Lichtenhagen und Hoyerswerda zum Beispiel, um nur zwei zu nennen.

Es gab schon immer rassistische Übergriffe gegen uns sogenannte *Asiat*innen* und den Rassismus, der uns auf institutioneller und struktureller Ebene trifft. Die Homogenisierung von Menschen mit ost- oder südostasiatischen Bezügen verstärkt diese Gefahren, denen wir ausgesetzt sind. Als ich 2016 mit einer Freundin aus Singapur in New York City war, wurden wir in einer U-Bahn-Station von einem Mann bedroht und verfolgt:

I hate Chinese people.
I hate Chinese people.
I hate Chinese people.

Die Worte des fremden Mannes klingen in mir nach, bis heute.

Was ist anti-*asiatischer* Rassismus? Diese Bezeichnung ist bis heute umstritten und wird, wie ich finde zu Recht, von Menschen mit ostasiatischen Bezügen kritisiert. Zunächst muss der Begriff *asiatisch* kontextualisiert werden. Asien ist ein großer Kontinent, der viele Länder, Kulturen, Traditionen, Religionen, Sprachen und historische Ereignisse vereint. Wenn wir also von *asiatisch* sprechen, können damit Menschen aus Indien, dem Iran, Teilen Russlands und Kasachstan gemeint sein. Wenn in Deutschland aber von *Asiat*innen* die Rede ist, sind damit meistens Menschen aus China, Korea oder Vietnam, also Regionen in Ost- und Südostasien, gemeint. Andere Regionen haben eine eigene Bezeichnung: indisch, arabisch, persisch oder eben sibirisch.

Hier kommen wir zu einem Spannungsfeld, das nach wie vor Gegenstand wissenschaftlicher Debatten und Auseinandersetzungen innerhalb migrantisierter Gruppen, Organisationen und in aktivistischen Kreisen ist.[3] Warum bedienen wir mit der Bezeichnung anti-*asiatischer* Rassismus genau die Fremdbezeichnung, die einen vielfältigen Kontinent so homogenisiert? Es gibt Versuche, dies zu umgehen, indem von *asiatisch gelesen* oder *asiatisch markiert* gesprochen wird, um so zu verdeutlichen, dass es eine Fremdbezeichnung ist, die zur Beschreibung dieser speziellen Form des Rassismus herangezogen wird. Menschen, die von der *weißen* Dominanzgesellschaft als *asiatisch* markiert werden, sind faktisch nicht unbedingt *asiatischer* Herkunft. Gleichzeitig gibt es Menschen aus Asien, die nicht *asiatisch* markiert werden, obwohl sie zum Beispiel aus Israel oder Georgien kommen. Als ich in Peru war, wurde ich beispielsweise *peruanisch* markiert, weil ich anscheinend bestimmte Gesichtszüge habe, die denen vieler indigener peruanischer Menschen sehr ähnlich sind. Das führte während meines Aufenthaltes in Lima zu vielen Irritationen, denn auf der Straße wurde ich auf Spanisch angesprochen und in Restaurants sprachen Kellner*innen eher zu mir als zu meinem *weißen* Partner. Folglich ist die Wahrscheinlichkeit groß, dass indigene peruanische Menschen hierzulande als *asiatisch gelesen* werden. Das heißt, sie sind neben anti-indigenem auch von anti-*asiatischem* Rassismus betroffen, obwohl sie nicht von dem asiatischen Kontinent stammen. Ein Beispiel: Während der Corona-Pandemie wurden nicht nur Menschen mit ost- beziehungsweise südostasiatischen Wurzeln angegriffen, sondern auch indigene Menschen.[4]

Was Menschen vereint, die von der Dominanzgesellschaft *asiatisch* gelesen werden, ist der strukturelle, institutionelle und alltägliche Rassismus, den sie erfahren. Anti-*asiatischer* Rassismus ist also ein politischer Begriff, der nicht die tatsächliche geografische Lage, Religion oder Kultur der betroffenen Menschen beschreibt, sondern die Auswirkungen, die Betroffene erleben. Die Bezeichnung trifft nach dem aktuellen wissenschaftlichen Stand in der Soziologie[5] den Rassismus, den Betroffene weltweit erfahren, am besten, ideal ist sie dennoch nicht. Tatsächlich ist die wissenschaftliche Lage, insbesondere im deutschsprachigen Raum, noch ausbaufähig und es gibt zu diesem Zeitpunkt nur wenige Publikationen, die sich speziell mit anti-*asiatischem* Rassismus auseinandersetzen. In diesem Buch verwende ich im Zusammenhang mit der spezifischen Rassismusform die Bezeichnung *asiatisch*, wohlwissend, dass sich Begrifflichkeiten in Zukunft ändern können. Zudem ist mir bewusst, dass Menschen unter diesem Begriff mitgedacht werden möchten, aber in dieser Auseinandersetzung nicht mit einbezogen werden. Diese Kritik verstehe ich und erkenne sie an.

Ich hoffe, dass die Weiterentwicklung der Diskurse eine Alternative zur Reproduktion dieser Fremdbezeichnung hervorbringt und dass ich mit diesem Buch einen Beitrag dazu leisten kann, indem diese Form des Rassismus im Detail veranschaulicht wird, um am Ende ausgehebelt zu werden. Denn derzeit überwiegen für mich persönlich die Vorteile, die Kategorie anti-*asiatischer* Rassismus als solche zu benennen, da für eine Bekämpfung dieser kollektiven Diskriminierungsform eine Bezeichnung nötig ist. Außerdem empfinde ich einen einigermaßen niedrigschwelligen Einstieg in diese Debatte als enorm wichtig. Welchen realen Einfluss auf die Lebensrealität von Betroffenen haben Diskurse, die ausschließlich in einer Nische stattfinden? Welche Wirkung haben Debatten, wenn ein großes Vorwissen benötigt wird, während der Bäcker von nebenan oder die Sachbearbeiterin in der Ausländerbehörde mich und meine Familie als *Asiat*innen* liest und auf dieser Grundlage rassistisch diskriminiert? Wenn Betroffene, die selbst noch keine Berührungspunkte mit der Rassismusdebatte haben, die Fremdbezeichnung *Asiat*in* wählen und damit ausschließlich an ost- und südostasiatische Menschen denken, weil sie dies internalisiert haben? Seit langer Zeit beschreibe ich meine Sozialisierung innerhalb meiner Familie als vietnamesisch, anstatt pauschalisierend als *asiatisch*. Das war nicht immer so, denn auch ich musste die verinnerlichten Stereotype verlernen.

Mein Ziel ist es, so viele Menschen wie möglich mitzunehmen. Das schließt natürlich mit ein, dass Nuancen innerhalb dieser Kategorie nötig sind, denn auch zwischen *asiatisch* markierten Menschen gibt es Machtgefälle und Unterschiede in den Diskriminierungserfahrungen. Und auch diese brauchen Sichtbarkeit, um die Komplexität von anti-*asiatischem* Rassismus vollumfänglich beschreiben und damit aushebeln zu können. Daher arbeite ich mit den Beschreibungen *asiatisch* markiert oder *asiatisch* gelesen, wohlwissend, dass sich diese Entscheidung in Zukunft auch ändern könnte. Ich selbst bezeichne mich als vietnamesisch-deutsche Person und beschreibe mich nicht als *asiatisch* gelesen oder *asiatisch* markiert. Als etwas »markiert« oder »gelesen« werde ich von Außenstehenden und von Nicht-Betroffenen. Dies ist problematisch und nimmt Menschen wie mir ihre

Selbstbestimmung. Wir werden in verschiedene Kategorien eingeordnet, die wiederum untereinander hierarchisiert werden.

»Wir sind doch schon so weit!« ist eine beliebte Aussage über den Status quo unserer Gesellschaft. Dieser eine Satz ist leicht gesagt und dabei komplexer, als er im ersten Moment scheint. Aus dieser schlichten Aussage lassen sich richtungsweisende Fragen für die wichtige Analyse des Umgangs unserer Gesellschaft mit vermeintlich »Fremden« ableiten.

Wer sind eigentlich »wir«, oder auch: Wer ist damit gemeint beziehungsweise nicht gemeint? Menschen, die selbstzufrieden den gesellschaftlichen Fortschritt loben, gehören ziemlich wahrscheinlich der *weißen* Dominanzgesellschaft* an: Für sie ist der Status quo sehr zufriedenstellend. Doch diejenigen, die nicht Teil der komfortablen Mehrheit sind, wissen, dass der Status quo absolut nicht ausreicht.

Laut Statistischem Bundesamt haben 23,8 Millionen[6] der in Deutschland lebenden Menschen einen soge-

---

* Der Begriff der »Dominanzgesellschaft oder -kultur« geht auf die Pädagogin und Psychologin Birgit Rommelspacher zurück und meint eine hierarchische Gesellschaftsordnung entlang verschiedener Differenzlinien. »*Weiße* Dominanzgesellschaft« meint demnach die Hierarchisierung von Menschen entlang ihres *Weißseins*, wobei *weiß* als politische Kategorie zu verstehen ist und die dominierende Gruppe bildet.

nannten Migrationshintergrund. Dieser Begriff wurde im Jahr 2005 von der Bundesregierung eingeführt, um Einwanderung statistisch zu erfassen. Er wurde geschaffen, um die Gesellschaft zu fragmentieren: Es gibt nun die Gruppe derer, die eine deutsche Staatsbürgerschaft besitzen, und jener, die diese zwar ebenfalls besitzen können, aber in den Augen der Dominanzgesellschaft ein zusätzliches Label zugeschrieben bekommen, das sie von der ersten Gruppe unterscheidet. Staatsbürger, aber »mit Migrationshintergrund«. Dann gibt es noch eine dritte Gruppe, die nicht eingebürgert wird und deren »Migrationshintergrund« somit auch in ihrem prekären rechtlichen Status resultiert.

»Migrationshintergrund« als Label wird bestimmten Menschen anhand verschiedener Merkmale zugeschrieben, wie die sogenannte Hautfarbe, religiöse Zugehörigkeit oder der Nachname. Ganz unabhängig davon, ob sie tatsächlich migriert sind, und selbst dann, wenn sie in Deutschland geboren sind. Dieses Label verselbstständigt sich im Alltag so immens, dass es in den meisten Fällen gar keine Rolle mehr spielt, ob eine Person einen deutschen Pass hat oder nicht. Es führt dazu, dass einige Menschen nicht selbstverständlich mitgedacht und mitgemeint sind und Widerstand in staatlichen Strukturen und Institutionen erfahren, der in ihrer Religionszugehörigkeit oder Erstsprache begründet ist.

Heutzutage werden Menschen wie ich, die sich gegen diesen Status quo wehren und denen der aktuelle gesellschaftliche Zustand keineswegs progressiv vorkommt, gern als aktivistisch bezeichnet. Ich positioniere mich gegen Diskriminierung, also bin ich Aktivistin. Ganz logisch, oder? Aber was wäre meine Alternative? Die Wahrheit ist: Ich habe keine Alternative. So wie viele andere Menschen in Deutschland auch nicht.

Der Status quo sieht so aus: Menschen mit prekärem Aufenthaltstitel müssen alle paar Monate beweisen, dass ihre Existenz in Deutschland eine Berechtigung hat. Sie müssen beweisen, dass sie »integrationsfähig« und »angepasst« sind. Sie müssen beweisen, dass sie der Gesellschaft nicht zur Last fallen. Sie müssen »ausreichende Sprachkenntnisse« nachweisen, wenn ihre Erstsprache nicht Französisch, sondern Vietnamesisch ist. Niemand entscheidet sich dafür, struktureller und institutioneller Diskriminierung ausgesetzt zu sein. Niemand wollte jemals einen »Migrationshintergrund« haben, und dennoch scheint die Dominanzgesellschaft von einer gewissen Freiwilligkeit auszugehen. Man müsse ja nicht hier in Deutschland leben. Man könne doch wieder »zurück«-gehen. Das wird selbst denjenigen Menschen gesagt, die in dritter Generation hier leben und für die dieses »Zurück« höchstens das kleine niedersächsische Dorf ist, in dem sie aufgewachsen sind.

Hier wird das vorhandene Machtgefälle bereits sehr deutlich: Die eine Gruppe der Gesellschaft legt die Regeln fest und erstellt eine Art Anforderungskatalog basierend auf ihrer eigenen Lebensrealität, die sie zur Norm auserkoren hat. Die andere Gruppe wird in eine Bringschuld hineingeboren, und ihre Existenzberechtigung hängt von deren Erfüllung ab. Warum müssen Menschen überhaupt beweisen, dass sie an einem bestimmten Ort existieren dürfen? Ist es nicht grundsätzlich falsch, die Gesellschaft so einzuteilen? Warum begehren nicht mehr Menschen dagegen auf? Warum wird nicht Aufbegehren als normal verstanden und Schweigen als bewusste Entscheidung gegen etwas?

Wie wir wissen, sieht die Realität derzeit so aus, dass es meistens Betroffene von Diskriminierung selbst sind, die auf die existierende Ungleichbehandlung hinweisen. Eine Ungleichbehandlung, die auf askriptiven Merkmalen* basiert und nichts mit der individuellen Leistung oder dem Verhalten zu tun hat. Betroffene gelten für die Dominanzgesellschaft als Störfaktor, da sie für selbstverständlich gehaltene Strukturen und Hierarchien hinterfragen. Dabei ist dieses Hinterfragen, warum einzelne Personen so viel Macht über bestimmte Menschengruppen haben, immens wichtig. Warum Polizist*innen gerade nicht-*weiße* Menschen durchsuchen, während sie alle anderen weitestgehend in Ruhe lassen? Es sind die fragenden Eltern, deren Kinder weinend nach Hause kommen, weil sie von ihren Mitschüler*innen aufgrund ihrer Augenform oder ihrer Haarfarbe ausgegrenzt werden.

Es gibt viele Geschichten, die erzählt werden müssen. Sie müssen vor allem erzählt werden, weil sie so lange

---

* Askriptive Merkmale sind jene, die nicht durch Leistung bestimmt werden. Diese sind z. B. soziale Herkunft, Geschlecht oder Hautfarbe.

nicht erzählt werden konnten. Auch dafür sind die Ursachen sehr komplex. Die erste Generation, die in ein fremdes Land migriert, ist zunächst damit beschäftigt, sich zurechtzufinden. Sind die institutionellen und strukturellen Rahmenbedingungen dann noch prekär und unsicher, so ist sie weitestgehend darauf fokussiert, die eigene Existenzgrundlage zu sichern. Es gibt schlichtweg keine Möglichkeit, sich mit der Diskriminierung, die sie erfährt, zu beschäftigen. Um aufzubegehren, braucht es finanzielle Sicherheit, Raum, Energie und Zeit. Diese Privilegien hat die erste Generation selten.

Eine weitere wichtige Frage ist: Wer erzählt die Geschichte? Lange Zeit wurde ausschließlich *über* migrantisierte* Menschen gesprochen. Ihre Geschichten wurden *für* sie erzählt und dann auch noch oft politisch instrumentalisiert. In der »Asyldebatte«, der »Silvesternacht-Debatte« oder der »Brennpunktschulen-Debatte« wurde sehr selten *mit* den rassifizierten** Menschen geredet, um die es ging, und allenfalls punktuell, wenn es gerade zur Erzählung passte. Fast nie hatten sie *selbst* das

---

* »Migrantisiert« im Sinne eines tatsächlichen oder zugeschriebenen Migrationshintergrunds.

** »Rassifiziert« werden Menschen aufgrund körperlicher, soziologischer, geografischer, symbolischer oder imaginärer Merkmale, wie Hautfarbe, Körpergröße, Herkunft, Religion oder vermeintliche Fähigkeiten. Dies geht von einer dominanten Gruppe aus.
»Rassifizierung« meint den Prozess der Konstruktion von »Rassen« und die damit einhergehende Homogenisierung und Hierarchisierung.

Wort. Welche Geschichten Sichtbarkeit erlangten und welche nicht, ist immer noch größtenteils eine Entscheidung, die von Personen der Dominanzgesellschaft getroffen werden. Denn nur diese saßen und sitzen bis heute in machtvollen Positionen.

Sie füllen die Redaktionen der Zeitungen, gestalten die Politik und bestimmen den öffentlichen Diskurs. Wie viele Geschichten wurden bis heute nicht erzählt? Wie viel ist verloren gegangen, und was blieb unsichtbar? Es wird Zeit, dass die Geschichten von jenen erzählt werden, die am Rande der Gesellschaft leben und deren Perspektive mehr als nur individuelle Anekdoten oder persönliche Tragödien sind. Es wird Zeit, dass die täglichen Kämpfe aufgezeigt werden, um der Gesellschaft einen Spiegel vorzuhalten und Diskurse anzuregen, die gesellschaftliche Veränderungen bringen können. Gesellschaftlicher Fortschritt ist nur möglich, wenn die Stimmen marginalisierter Menschen ins Zentrum gerückt und die Versäumnisse der vergangenen Jahrzehnte aufgearbeitet werden. Das ist eine der Grundlagen für eine solidarische Zukunft. Diese Handreichung setzt jedoch voraus, dass wir uns einander empathisch begegnen, und das ist wahrscheinlich die schwierigste Aufgabe, die sehr viel kritische Selbstreflexion erfordert.

An einem Tag im Spätsommer 2022 scrollte ich durch die typischen Nachrichtenseiten und fand einen Artikel mit der Überschrift »Einsam und herzlos entschieden« über dem Foto einer vietnamesischen Familie[7]. Darauf waren ein Mann abgebildet, in etwa so alt wie mein Vater, eine Frau und ein Kleinkind. Alle drei stehen in Dresden auf einer Brücke, und der Mann, Herr Pham Phi Son, und Frau Nguyen Thi Quynh Hoa lächeln freundlich in die Kamera, während Herr Pham ihre gemeinsame Tochter Emilia im Arm hält.

Pham Phi Son ist 1987 als Vertragsarbeiter in die DDR gekommen und lebt seitdem in Deutschland. Seine Frau lernte er später kennen und gründete mit ihr eine Familie. Seine Tochter auf dem Foto ist fünf Jahre alt und wurde in Chemnitz geboren, wo die Familie lebte. Die Ausländerbehörde entschied, dass Pham und seine Familie abgeschoben werden sollen, was die eingeschaltete Härtefallkommission bestätigte, indem sie den Antrag zur Überprüfung des Falls ablehnte. Dass eine Person, die seit über fünfunddreißig Jahren, also über die Hälfte ihres bisherigen Lebens in Deutschland verbracht hat, einfach so abgeschoben werden kann, machte mich sprachlos. Der Grund für die Abschiebung ist aber noch weniger zu fassen: Herr Pham war für einen Urlaub in Vietnam und musste seinen dortigen Aufenthalt außerplanmäßig verlängern, weil er einen gesundheitlichen Notfall hatte und vor Ort medizinisch versorgt werden musste. So blieb er länger als ein halbes Jahr.

Was viele wahrscheinlich nicht wissen: Menschen, die keine deutsche Staatsbürgerschaft, sondern lediglich einen Aufenthaltstitel besitzen, dürfen sich nicht länger als sechs Monate außerhalb Deutschlands aufhalten.[8] Dabei ist es egal, wie lange die Personen bereits hier leben und ob die Aufenthaltserlaubnis befristet oder unbefristet ist. Herr Pham ist in die DDR gekommen, hat sich in Deutschland eine Existenz aufgebaut, geht arbeiten und seine Tochter ist in Chemnitz geboren. Weil er nun aufgrund eines medizinischen Notfalls länger als die erlaubten sechs Monate in Vietnam war, sollte ihm und seiner Familie also alles, was sie hier in Deutschland aufgebaut haben, genommen werden. Denn mit dem Entzug des Bleiberechts verschwindet für sie jegliche Existenzgrundlage. Der Aufenthaltsstatus von Frau Nguyen hängt an dem ihres Mannes. Verliert er diesen, gilt das ebenfalls für seine Frau und sein Kind. Sie sollen in ein Land abgeschoben werden, in dem er und seine Frau zwar geboren wurden und dessen Sprache sie sprechen, aber in dem ihr Leben nicht stattfindet. Ein Land, das ihnen fremder ist als Deutschland.

Entschieden haben es Einzelpersonen, in dem Fall maßgeblich der Vorsitzende der Härtefallkommission, CDU-Politiker Geert Mackenroth. Die Härtefallkommission ist die letzte Instanz, an die man sich wenden kann, wenn alle bisherigen rechtlichen Wege scheitern. Die Kommission kann aus humanitären oder persönlichen Gründen eine Entscheidung treffen, wenn das Ausländerrecht keine Optionen mehr hergibt.[9] Im Fall von Herrn Pham lehnte das neunköpfige Gremium mit der Begründung ab, er hätte keine ausreichenden Sprachkenntnisse. Damit fällt die Verantwortung zurück an die Ausländerbehörde. Sie hätte die Möglichkeit, der Familie nach § 25 Abs. 5 des Aufenthaltsgesetzes ein Bleiberecht auszustellen.[10] Wie es mit der Familie weitergeht, kann ich zu diesem Zeitpunkt noch nicht sagen, denn die Entscheidung steht noch aus. Die Wahrscheinlichkeit ist jedoch gering, dass die zuständigen Sachbearbeiter*innen der Chemnitzer Ausländerbehörde, die dieses unmenschliche Vorgehen überhaupt erst ins Rollen gebracht haben, eine wohlwollende Entscheidung treffen werden. Eine mir erdenkliche Möglichkeit ist der Umzug in ein anderes Bundesland und die Hoffnung auf wohlwollendere Sachbearbeiter*innen. Dieser Fall steht exemplarisch für viele weitere, die in Deutschland nahezu identisch stattfinden. Täglich. Ich hätte es fast selbst erlebt.

Menschen werden aus den banalsten Gründen abgeschoben, wenn sie keine deutsche Staatsbürgerschaft haben. Sich einbürgern zu lassen ist wiederum ein sehr langwieriger und schwieriger Prozess. Insbesondere für Menschen, die aus den sogenannten Drittstaaten, also Ländern außerhalb Europas, kommen. Es kann mehrere Jahre dauern, kostet viel Geld* und man ist mitunter der Schikane einzelner Sachbearbeiter*innen ausgesetzt, die als Einzelpersonen über viel Entscheidungsmacht verfügen. Institutionelle Diskriminierung zerstört nach wie

---

* Zur Gebühr von 255,00 Euro für den Antrag auf Einbürgerung kommen Kosten für die Beschaffung der Originaldokumente aus dem Herkunftsland sowie gegebenenfalls Kosten für die Ausbürgerung aus der ursprünglichen Staatsbürgerschaft.

vor Existenzen, und das jeden Tag und seit vielen Jahrzehnten. Doch das sind nicht die einzigen Hürden, mit denen sich Menschen, die nicht Teil der Dominanzgesellschaft sind, herumschlagen müssen. Es gilt, neben dem Überwinden institutioneller, struktureller und alltäglicher Herausforderungen das eigene Leben zu sichern. Sich gegen diese Missstände zu stellen und sie sichtbar zu machen, ist nichts, wofür sich jemand von uns bewusst entschieden hatte. Wenn uns das zu Aktivist*innen macht, dann unfreiwillig.

Ich habe mein Masterstudium in der Schweiz gemacht und danach auch einige Jahre dort gearbeitet. Während dieser Zeit kam meine Tochter zur Welt. Ich begann, über Rassismus zu schreiben, als ich eigentlich über Mutterschaft schreiben wollte und dabei feststellen musste, dass ich meine Perspektive als Mutter nicht von mir als Person mit Rassismuserfahrungen trennen konnte.

Die Schwierigkeiten fingen damit an, dass meine Tochter fast ein Jahr lang keine Geburtsurkunde von den Schweizer Behörden ausgestellt bekam. Für die Ausstellung einer Geburtsurkunde in der Schweiz müssen beide Elternteile ihre eigenen Urkunden einreichen. Die meines Partners, der in Deutschland geboren ist, wurde natürlich problemlos akzeptiert. Meine Geburtsurkunde wurde jedoch auf Echtheit überprüft. Den Grund dafür halte ich bis heute für unangemessen, aber die Schikane musste ich über mich ergehen lassen, obwohl ich wenige Jahre zuvor die deutsche Staatsbürgerschaft erhalten hatte. Sie überprüften meine originale Geburtsurkunde aus dem einfachen Grund, dass mein Herkunftsland Vietnam nicht als vertrauenswürdig gilt. Irgendwo und irgendwann hatten also Politiker*innen in der Schweiz beschlossen, dass sich Menschen, die in Vietnam geboren sind, einer zusätzlichen Überprüfung unterziehen müssen. Nur eine der unzähligen rassistischen Praktiken europäischer Behörden. Die Kosten musste ich natürlich selbst tragen, und das alles nur, weil ich nicht in Europa zur Welt kam.

Was wäre passiert, wenn sich die Überprüfung noch länger hingezogen hätte? Wir hätten die Schweiz nicht verlassen können, denn ohne Geburtsurkunde konnte ich keine Ausweisdokumente, keine Krankenversicherung und auch keine finanziellen Zuschüsse wie Kindergeld für meine Tochter beantragen. Sie wäre direkt in einer Prekarisierung gelandet. Dabei war ich bereits in einer privilegierten Position. Ich beherrschte die deutsche Behördensprache, ich kannte mich einigermaßen mit den rechtlichen Grundlagen aus und ich hatte die finanziellen Mittel, um die Gebühren zu bezahlen. All diese Privilegien hatten meine Eltern nicht, als wir nach Deutschland kamen.

Mutterschaft verbinde ich auch mit den Blicken auf dem Spielplatz, wenn ich Vietnamesisch mit meiner Tochter spreche und mich die anderen Elternteile nicht verstehen. Sie wirken auf mich abwertend und geben mir ein unwohles Gefühl. Ich frage mich, ob meine Tochter aufgrund ihrer bilingualen Erziehung in einen zusätzlichen Förderunterricht geschickt wird, wenn sie in die Schule kommt. Wie wird es ihr generell in der Schule und darüber hinaus ergehen? Wer selbst Kinder hat, wird diese Gedanken verstehen. Wer ein rassifizierter Elternteil ist, wird die weitere Ebene, die damit einhergeht, sehen. Ich ertappe mich dabei, froh darüber zu sein, dass sie zumindest nicht Nguyễn heißt, sondern einen deutschen Nachnamen trägt, und gleichzeitig schäme ich mich dafür, das zu denken. Der Wunsch, nicht aufzufallen und in der Masse der Dominanzgesellschaft zu verschwinden, vergeht nicht einfach von heute auf morgen, wenn man sein ganzes Leben dahingehend sozialisiert wird, sich anzupassen und nicht man selbst sein zu dürfen.

Diese Last möchte ich nicht an meine Kinder weitergeben. Diese Last soll keine Last mehr sein, ist sie doch eigentlich ein Geschenk. Zweisprachig aufzuwachsen, eine andere Kultur als die dominante kennenzulernen und mehr als einen Ort sein Zuhause nennen zu können, sollte das Leben reicher machen und nicht erschweren. Deswegen müssen wir als Gesellschaft darüber reden, wie rassistische Traumata über Generationen hinweg weitergegeben werden. Deswegen müssen wir den Rassismus in unserer Gesellschaft an seiner Wurzel bekämpfen, was wiederum nur geht, wenn wir ihn im ersten Schritt klar und in all seinen Formen und Ausprägungen benennen.

Wenn ich Menschen in meinem Umfeld frage, was meine Geschichte mit der deutschen Asylpolitik zu tun hat, dann können mir die wenigsten eine Antwort geben. Was viele nämlich nicht wissen: Der politische und gesellschaftliche Status quo in Deutschland ist eng mit der Geschichte vietnamesischer Einwander*innen verbunden. Bis heute sind viele migrantisierte Menschen von den Repressalien politischer Entscheidungen betroffen, die in den 1990er-Jahren getroffen wurden. Diese beeinflussen bis heute auch die europäische Migrationspolitik. Warum wissen so wenige Menschen davon? Neben dem Fakt, dass sehr wenige Menschen über das Leben ostasiatischer Menschen in Deutschland Bescheid wissen, fehlt es an einer Einordnung wichtiger historischer Ereignisse. Warum wird dieses Wissen nicht bereits im Schulunterricht thematisiert, wo doch ein großer Teil deutscher Geschichte gelehrt wird? Die Relevanz, also diese Geschichte Deutschlands sichtbar zu machen, ist offensichtlich und längst überfällig.

2

VIETNAMESISCHE MIGRANT*INNEN WAREN WILLKOMMEN – ZUNÄCHST

Die Geschichte Deutschlands ist der vietnamesischen Geschichte, trotz kultureller und ethnischer Unterschiede, nicht so unähnlich, wie man zunächst vermuten würde. Beide Länder waren nach dem Ende des Zweiten Weltkriegs und zu Beginn des Kalten Kriegs zweigeteilt und es wirkten gegenläufige geopolitische Kräfte zwischen den liberalen westlichen und den sozialistisch-kommunistischen Machtpolen innerhalb eines Landes. Zwei Länder, die etwa 10 000 Kilometer voneinander entfernt sind, verbindet eine Geschichte der Teilung, die wiederum zu gegenseitigem Einfluss führte.

1954 wurde Vietnam im Rahmen der Genfer Vereinbarungen am siebzehnten Breitengrad in eine sozialistische nördliche Zone und in eine republikanische südliche Zone geteilt: die Demokratische Republik Vietnam mit der Hauptstadt Hanoi im Norden und die Republik Vietnam mit der Hauptstadt Saigon im Süden. Allen Vietnames*innen wurde das Recht eingeräumt, innerhalb von dreihundert Tagen zu wählen, in welchem Landesteil sie leben wollten. Etwa 130 000 Menschen zogen in den Norden, während 928 000 in den Süden gingen. Vereinfacht kann die DDR als Pendant zu Nordvietnam betrachtet werden, die BRD zu Südvietnam. Nordvietnames*innen waren damals in politischer Hinsicht den DDR-Bürger*innen näher als ihren eigenen Landsleuten, den Südvietnames*innen. »Brüder und Schwestern waren durch die räumliche Trennung zu Klassenfeinden geworden, während Fremde zu Verbündeten wurden«, beschreibt Andreas Margara es in seinem Buch *Geteiltes Land, geteiltes Leid.*[1] Diese Teilung hatte weitreichende Folgen, nicht nur innerhalb Vietnams. Bis heute bestimmt sie maßgeblich das Leben vietnamesischer Einwander*innen in Deutschland.

Mein Vater war siebzehn Jahre alt, als in Vietnam vor allem junge Menschen rekrutiert wurden, um als Vertragsarbeiter*innen in die DDR zu kommen. Es war Frühjahr 1980, kurz nachdem die DDR und Vietnam ein Abkommen über die Entsendung von Arbeitskräften beschlossen hatten. Das wiedervereinte Vietnam befand sich mitten in der Nachkriegszeit, erst fünf Jahre waren seit dem sogenannten Vietnamkrieg gegen die USA vergangen, der zwanzig Jahre lang gewütet hatte. Mein Vater war gerade dabei, seinen Schulabschluss zu machen, und sein Traum war es, Pilot zu werden. Er hatte große Ziele, die meine Großeltern teilten, denn er war ihr ganzer Stolz. Diese Chance konnte damals in seinen kühnsten Träumen kaum übertroffen werden: Ihm bot sich die einmalige Gelegenheit, in den reichen Westen zu ziehen und dort zu arbeiten; die Kultur und das Leben, von dem die meisten nur Geschichten kannten, tatsächlich kennenzulernen. Was für ein unglaubliches Privileg.

Die Gruppe vietnamesischer Migrant*innen in Deutschland war sehr heterogen, weshalb eigentlich auch nicht von der einen Community gesprochen werden kann. Vor 1975 lebten hauptsächlich vietnamesische Austauschstudierende aus der Oberschicht Vietnams in der BRD und in der DDR, aber es waren wenige. Die in der DDR lebenden gingen nach Abschluss ihrer Ausbildung oftmals zurück, während diejenigen, die in der BRD gelandet waren, einen Aufenthaltsstatus erhielten und sich in der westdeutschen Gesellschaft einlebten. Die heute oft als »ehemalige Studierende« bezeichnete Gruppe kam überwiegend aus den südvietnamesischen Städten Saigon und Hue, also dem südlichen Teil Vietnams.[2] Erst nach der Wiedervereinigung von Nord- und Südvietnam kam es zu größeren Einwanderungsschüben: Die beiden großen Gruppen waren vietnamesische »Bootsflüchtlinge«, die nach Kriegsende zwischen 1975 und 1989 aus Südvietnam in die BRD einreisten, und vietnamesische Vertragsarbeiter*innen aus Nordvietnam, zu denen mein Vater gehörte.

Der 30. April 1975: Die Generation meiner Eltern und Großeltern werden dieses Datum wohl nie vergessen. Mit der Eroberung Saigons durch die nordvietnamesische Armee und der bedingungslosen Kapitulation

Südvietnams am 30. April 1975 wurde der Grundstein für die Wiedervereinigung an diesem bedeutsamen Tag gelegt. Offiziell wurde am 2. Juni 1976 die Sozialistische Republik Vietnam gegründet, was für die südvietnamesische Bevölkerung eine grundlegende Veränderung ihrer Lebensverhältnisse bedeutete. Durch politische Indoktrination wurde die Kontrolle des sozialen Lebens angestrebt und die sozialistische Transformation Südvietnams begann. Dazu gehörte die Einschränkung der Bewegungsfreiheit der Bevölkerung, wobei Wohnsitzänderungen auf eine Ortschaft beschränkt waren und Reisen darüber hinaus bei den zuständigen Behörden angemeldet werden mussten.[3]

Aus Angst vor politischer Destabilisierung und dem Aufbegehren politischer Gegner*innen wurde ein Netzwerk informeller Mitarbeitender aufgebaut, die verdächtige Aktionen denunzieren sollten. Die Regierung forderte Abstand von allen westlich geprägten Medien, Konsumgütern und Verhaltensweisen und machte sich marxistisch-leninistisches Gedankengut zu eigen. Saigon wurde in Ho-Chi-Minh-Stadt umbenannt und die Verwendung der alten Bezeichnung wurde verboten; große Transparente, die den Sieg über den Kapitalismus feierten, dominierten das Stadtbild. Ein weiteres wichtiges Moment der Umgestaltung Vietnams war die Einführung einer sozialistischen Wirtschaftspolitik. Im Zuge dessen wurde Landeigentum verstaatlicht und Familien, die als potenziell regimefeindlich eingeordnet wurden, mussten ihr Vermögen und ihre Häuser oder

Wohnungen an die Regierung abgeben. Durch die verstärkte Kollektivierung der südvietnamesischen Wirtschaft wurde so vielen Familien die Lebensgrundlage entzogen, sodass es zunehmend zu Fluchtbewegungen über das Südchinesische Meer kam.

Die wegen dieser Route *Boat People* oder »Bootsflüchtlinge« genannten Geflüchteten wurden nach Beschluss der Genfer Flüchtlingskonvention auf viele Länder Europas sowie auf die USA, Kanada und Australien verteilt. So kamen Mitte der 1980er-Jahre etwa 30 000 »Bootsflüchtlinge« in die BRD.[4] Nach ihrer Ankunft wurden sie als sogenannte Kontingentflüchtlinge in wirtschaftlicher und politischer Hinsicht mit anerkannten Geflüchteten gleichgestellt. Das bedeutete, dass sie direkt Aufenthalts- und Arbeitserlaubnisse, Sprachkurse und berufliche Umschulungen und Weiterbildungen erhielten.

Schon während des Vietnamkriegs hatte sich die BRD an humanitärer Hilfe in Vietnam beteiligt, sich militärisch jedoch nicht eingemischt und keine Soldat*innen entsandt. So äußerte sich 1966 der amtierende Bundeskanzler Ludwig Erhard: »Unsere Unterstützung für Vietnam ist nicht militärischer oder quasimilitärischer Art, sondern erstreckt sich ausschließlich auf humanitäre und sanitäre Hilfe.«[5] Für die Umsetzung wurde sogar ein eigenes Referat für humanitäre Hilfe an der Botschaft in Saigon eingerichtet.

Das mediale Interesse an den »Bootsflüchtlingen«, von denen viele auf der Flucht ertranken, war aufgrund der emotional aufgeladenen Berichterstattung hierzulande sehr groß. 1966 wurde das erste humanitäre Schiff, »Helgoland«, nach Südvietnam entsandt und von der internationalen Presse euphorisch begleitet. Ein *Spiegel*-Reporter schrieb dazu: »Ein weißes Schiff, schlank und schön wie ein weißer Riese durch allen Schmutz dieser Welt – ein Stuyvesant-Bild. Germaniens maritimer Friedensengel trug einen Hauch von Unschuld und Luxus in den Kriegshafen von Saigon. Bonns humanitäres Engagement in Vietnam ging vom Anker.«[6] Auf dem Schiff fanden etwa einhundertfünfzig Krankenbetten Platz, und es war mit einer OP- und Radiologieabteilung, einer Apotheke, einem Labor, Zahn- und Schwerkrankenstation ausgestattet.[7] Zudem meldeten sich knapp anderthalbtausend Deutsche freiwillig als Helfer*innen, von Studierenden bis hin zu Handwerker*innen. Die Bereitschaft, humanitäre Hilfe beizusteuern, aus der eigenen Kriegsgeschichte zu lernen und eine Art Wiedergutmachung zu leisten, war innerhalb der deutschen Bevölkerung sehr groß. Dabei war auch die Rolle der BRD schon zu diesem Zeitpunkt von einer Doppelmoral geprägt.

In Vietnam wurden mehr als drei Millionen Menschen durch den Einsatz des Entlaubungsmittels »Agent Orange« getötet. Bis heute leidet die vietnamesische Bevölkerung unter den Folgen des Einsatzes, der bei den Opfern Organschäden und Krebs auslöste und auch bei nachfolgenden Generationen zu Auffälligkeiten bei Neugeborenen führte. Die vietnamesisch-französische Aktivistin Trần Tố Nga klagte zuletzt Anfang 2021 gegen die Hersteller des giftigen Wirkstoffs: die US-Konzerne Dow

Chemical und Monsanto. Monsanto gehört seit 2018 zu der deutschen Bayer AG. Auch damals waren deutsche Firmen an der Herstellung des Herbizids beteiligt. So gab die Firma Boehringer Ingelheim 1993 in einer Broschüre zu, eine Lizenz für das Herstellungsverfahren eines Ausgangsprodukts für »Agent Orange« an Dow Chemical verkauft zu haben.[8] Auch der Verkauf von Know-how macht Deutschland moralisch mitschuldig an Kriegsverbrechen gegen die vietnamesische Bevölkerung. Bis heute haben die Opfer keine Reparationen erhalten.

Trotz dieser Komplizität war der Vietnamkrieg spätestens mit den 1968er-Friedensbewegungen, insbesondere in den USA, zu einem Symbol für die Grausamkeit imperialistischer Kriege geworden. Die USA strebte bereits seit dem 19. Jahrhundert eine Ausweitung ihres weltweiten Einflusses im Namen der Verbreitung der liberalen Demokratie an. Der Krieg in Vietnam wurde als Kampf gegen die Ausbreitung des Kommunismus gerechtfertigt. Auch innerhalb der BRD gab es großes zivilgesellschaftliches Engagement mit Demonstrationen und Bannern wie »Keine Mark und keinen Mann für den Krieg in Vietnam«.[9] Die Zahl der Kriegsverweiger*innen in der BRD verdoppelte sich 1967 von 6000 auf 12 000.[10] Vietnam wurde zu einer Art Katalysator für die eigene kollektive Schuldaufarbeitung nach der NS-Zeit und zu einem Generationenkonflikt zwischen der Elterngeneration, welche die Nazi-Diktatur überhaupt erst möglich gemacht hatte, und der jungen Generation Deutscher, die nicht mehr tatenlos zuschauen wollte. So wurde in großen Teilen der Nachkriegsgeneration, insbesondere in studentischen Bewegungen, die USA zu einem Feindbild.

Schreckliche Kriegsbilder ausgehungerter Vietnames*innen auf dem Meer lösten Mitgefühl aus. Das Schiff *Cap Anamur* – ein Seenotrettungsprojekt, an dem Heinrich Böll entscheidend beteiligt war – wurde weltweit bekannt und rettete insgesamt etwa 10 000 »Bootsflüchtlinge«.[11] In dieser Zeit wurden nicht nur viele Leitartikel zur humanitären Katastrophe auf dem Südchinesischen Meer geschrieben, sondern es wurde auch vermehrt die Politik der kommunistischen vietnamesischen Regierung scharf kritisiert. Auf der einen Seite standen die hilfsbedürftigen Geflüchteten und auf der anderen Seite die von westlichen Ländern abgelehnten kommunistischen Regierungen Vietnams, Chinas und weiterer Länder Ost- und Südostasiens, vor denen sie flohen. Die Hilfsbereitschaft, mit der die westdeutsche Bevölkerung und auch die politischen Institutionen reagierten, unterschied sich stark von den Erfahrungen, die vietnamesische Vertragsarbeiter*innen auch nach der Wiedervereinigung machten.

Auch in der DDR war der Vietnamkrieg natürlich auf politisch-medialer Ebene sehr präsent – mit dem Unterschied, dass die Presse darüber von politischer Seite maßgeblich mitgestaltet und beeinflusst wurde. So pflegten DDR-Reporter*innen enge Beziehungen mit nordvietnamesischen Politiker*innen und erhielten exklusive

Einblicke in vertrauliche Informationen und somit in die vietnamesische Kultur sowie Mentalität. Dies machte sich die SED für ihre kommunistische Propaganda zunutze, um sich gegen die imperialistischen Bestrebungen der USA zu positionieren.[12]

Wie auch in der BRD erhöhte sich infolge des wirtschaftlichen Aufschwungs auch in der DDR der Bedarf an Arbeitskräften. So holte man Arbeiter*innen aus befreundeten Staaten ins Land, um die Nachfrage zu stillen. Der Vertragsarbeitervertrag zwischen der DDR und Vietnam limitierte die Lebensweise der Vertragsarbeiter*innen in der DDR in allen Hinsichten, zum Beispiel war er zunächst auf fünf Jahre beschränkt. Um eine Rückkehr nach Vietnam sicherzustellen, wurde in der Regel nur eine Person pro Familie rekrutiert. Nahezu in allen Lebensbereichen gab es strikte und detaillierte Vorgaben, sodass sich die Vertragsarbeiter*innen kaum frei bewegen konnten.

Das Abkommen von 1980 sah beispielsweise eine Abführung von zwölf Prozent des Lohns an die vietnamesische Regierung vor, Ehepaare konnten nur in Ausnahmefällen gemeinsam in die DDR einreisen, und es gab keine Familienzusammenführung, denn man wollte von vornherein verhindern, dass sich die Vietnames*innen hier eine Heimat machten.[13] Auch die Wohnbedingungen waren karg: »Bei der Ausstattung von Gemeinschaftsunterkünften ist nach dem Prinzip der strengsten Sparsamkeit zu verfahren.«[14] Diese Vertragsbedingungen bekamen die Betroffenen übrigens nie zu sehen.

Dennoch waren Abschiebungen bei Nichteinhaltung der vertraglichen Bedingungen oder längeren Krankheitsausfällen die Regel. Dazu gehörten auch Schwangerschaften, sodass 1990 etwa 300 schwangere Personen vorzeitig nach Vietnam abgeschoben wurden. In den Worten der Vereinbarung: »Vietnamesische Frauen, die die Möglichkeiten der Schwangerschaftsverhütung bzw. -unterbrechung nicht wahrnehmen, treten nach ärztlich bescheinigter Reisetauglichkeit zum festgesetzten Termin die vorzeitige Heimreise an.«[15] Eine Weiterbeschäftigung nach der Geburt lehnte die DDR ab. War eine Abschiebung nicht mehr möglich, weil die Schwangerschaft schon zu weit fortgeschritten war oder andere medizinischen Gründe vorlagen, so konnten schwangere Personen bis zur Geburt in der DDR verbleiben, aber mussten nach der Entbindung zurück nach Vietnam.

Vor dem Mauerfall gab es nahezu keine Überschneidungen der Lebensverläufe von vietnamesischen Migrant*innen in der BRD und DDR; sie unterschieden sich strukturell wie institutionell stark. Während »Bootsflüchtlinge« in der Regel keine Probleme hatten, einen gesicherten Aufenthaltsstatus zu erlangen, war es für Vertragsarbeiter*innen nie vorgesehen, langfristig in der DDR zu bleiben. Selbst sehr gut ausgebildete Vietnames*innen blieben als einfache Arbeiter*innen in den Fabriken, ohne die Chance, sich beruflich weiterzubilden. Fortbildungen oder Sprachkurse wurden nicht angeboten. Die deutsche Sprache lernten die Vertragsarbeiter*innen allenfalls durch den Kontakt mit DDR-Bürger*innen. Da der Kontakt zur Gesellschaft außerhalb der Wohnheime und Arbeitsorte zwar nicht verboten war, aber auch nicht gefördert wurde, blieben die Vietnames*innen in der DDR eher unter sich. Dieses enge Beieinandersein hatte neben gegenseitiger Unterstützung auch Schattenseiten. Beim gemeinsamen Kartenspielen ging es zum Beispiel oft auch um Geld. Immer mehr Menschen innerhalb der vietnamesischen Community erkrankten mit der Zeit an Spielsucht.[16] Seit ich denken kann, ist mein Vater spielsüchtig. Ich habe als Kind nicht verstanden, warum er mit dem wenigen Geld, das wir hatten, täglich vor dem Spielautomaten saß. Später wusste ich, dass es ein Überbleibsel aus seiner Zeit in der DDR war, das er nie loswerden konnte.

In den Betrieben erhielten die Vertragsarbeiter*innen vor allem die Jobs, die bei den DDR-Bürger*innen aufgrund der schlechten Arbeitsbedingungen, der geringen Bezahlung und der fehlenden Aufstiegsmöglichkeiten nicht sehr beliebt waren. Sie arbeiteten oft an Maschinen, die schmutzig oder wegen schlechten Zustands gefährlich waren. Daher blieben die Vietnames*innen auch in den Betrieben eher unter sich.[17] Auch die niedrigen Temperaturen im Winter machten ihnen zu schaffen.

Insgesamt kamen ab 1987 über 60 000 Vertragsarbeiter*innen aus Vietnam in die DDR und etwa 17 000 Arbeiter*innen aus Mosambik, Kuba und Angola. Diese verteilten sich auf etwa 1000 Betriebe in und um Leipzig, Cottbus, Chemnitz, Dresden, Halle, Gera, Magdeburg und Schwerin.[18] In Berlin-Marzahn und -Hohenschönhausen wurden für die Gastarbeiter*innen neue Wohnblöcke gebaut.[19] Dies führte zu Unmut und Neid seitens der DDR-Bevölkerung, die zum Teil jahrelang auf staatlich verwaltete Wohnungen warten musste. Ressentiments nahmen zu, und das Narrativ »Die *Fremden* nehmen uns alles weg« manifestierte sich innerhalb der ostdeutschen Bevölkerung. Die anfängliche Beliebtheit und das Wohlwollen änderten sich zunehmend. Die Wiedervereinigung 1990 stellte einen Wendepunkt dar: Viele Vertragsarbeiter*innen kehrten nach Vietnam zurück und bekamen, wenn sie sich freiwillig dafür entschieden, eine Abfindung von 3000 DM. Von den rund 60 000 Vietnames*innen gingen rund 34 000 zurück.[20]

Der Einheitstaumel der frühen 1990er-Jahre brachte auch einen erstarkenden Nationalismus hervor. »Wir sind das Volk!« symbolisierte den Widerstand friedlicher Demonstrant*innen der DDR, die für ihre Freiheit kämpften und denen die Wiedervereinigung mit ihren deutschen Geschwistern der BRD gelang. Der Slogan besiegelte letztlich auch den Zusammenbruch der DDR. Doch wer war mit *Volk* gemeint? Das Verständnis der Deutschen, wer *deutsch* ist, war schon immer exklusiv und per Gesetz festgelegt. Deutsch war eine Person mit deutscher Staatsbürgerschaft. »Wirklich« *deutsch* war aber auch nur jemand mit deutscher Abstammung und deutschem Namen. Wer war also nicht Teil des *Volkes*? Vertragsarbeiter*innen waren von der Euphorie des

Mauerfalls ausgeschlossen. Nicht weil sie sich nicht auch freuten, sondern weil sie bei dem historischen deutschdeutschen Moment nicht mitgemeint waren.

Auf die Euphorie folgten die Konsequenzen der gescheiterten Planwirtschaft der DDR. Schon lange vor dem Mauerfall lag die Wirtschaftskraft der DDR weit unter dem Durchschnitt der BRD.[21] Zudem brach der Osthandel ostdeutscher Firmen zusammen, da der Handel mit »westlichen« Produkten nun lukrativer war. Hohe Schulden und marode Industrieausrüstung führten dazu, dass viele große Betriebe geschlossen werden mussten. Die Folge war eine wirtschaftliche Krise mit steigender Arbeitslosigkeit.* Zwei Jahre nach dem Mauerfall arbeitete nur noch ein geringer Teil der vietnamesischen Beschäftigten in Großbetrieben. Viele waren gezwungen auszureisen und bereiteten sich darauf vor, indem sie an Straßenständen ihren Besitz verkauft haben. Dabei schlug ihnen Gewalt entgegen, sie wurden zum Teil beleidigt und verprügelt. Außerdem haben sie die Erlaubnis bekommen, in der DDR erworbene Waren an ihre Verwandten in Vietnam zu schicken. Als im November 1991 ein Container mit Waren verschickt werden sollte, haben Deutsche ihn in Brand gesetzt. Auf die Frage »Warum habt ihr das gemacht?« lautete die Antwort: »Die kaufen die DDR leer.«[22]

---

* Das Bruttoinlandsprodukt pro Kopf betrug 1991 in Westdeutschland 22 687 Euro, im Osten nur 9701 Euro. Die Arbeitslosenquote im Osten lag im Jahr 1991 bei 17,7 Prozent.

Die Unzufriedenheit innerhalb der Bevölkerung wuchs und brauchte ein Ventil. Die soziale Ablehnung gegenüber den Vertragsarbeiter*innen wandelte sich nun in offene Diskriminierung, die sich nicht nur im Alltag der Betroffenen bemerkbar machte, sondern auch in Institutionen, auf der Ausländerbehörde oder dem Arbeitsamt. Das Vertragsarbeiter*innenabkommen wurde nach Zusammenbruch der DDR, zehn Jahre nach seinem Abschluss, aufgehoben und die zu diesem Zeitpunkt noch in Deutschland arbeitenden Vietnames*innen durften bleiben, bis ihre Arbeitsverträge ausliefen. Es gab allerdings für Firmen, die wirtschaftlich bedroht waren, die Option, sie vorzeitig zu kündigen. Die Vertragsarbeiter*innen erhielten in dem Fall zwar noch weitere drei Monate lang siebzig Prozent ihres Gehalts und einen Wohnheimplatz, allerdings stiegen die Preise für die Unterkünfte zum Teil auf das Zehnfache, sodass viele von heute auf morgen unter finanzieller Not litten.

Rein formal durften Vietnames*innen in der ersten Zeit nach dem Mauerfall bundesweit eine Arbeits- oder Gewerbeerlaubnis beim Arbeitsamt beantragen, doch in der Realität wurden diese in den meisten Fällen abgelehnt. Als Begründung wurde auf den befristeten Aufenthaltstitel verwiesen. Sie bekämen nur einen Arbeitsplatz, wenn diese Stelle nicht mit einer »deutschen« Person besetzt werden könne. Es gab einige, die es trotz der Hürden schafften, erfolgreich ein Gewerbe anzumelden, doch dann wurden sie bei den Standortgenehmigungen benachteiligt. Die Versuche, sich auch außerhalb der DDR-Betriebe ein Leben aufzubauen, scheiterten in den meisten Fällen.[23] Als Sündenbock für soziale Missstände wurden die massenhaften Abschiebungen ehemaliger Vertragsarbeiter*innen als willkommene Ablenkungsstrategie genutzt.

Viele Vietnames*innen waren gezwungen, in ein Land zurückzukehren, in dem sie keine Zukunft hatten und von vorn beginnen mussten. Einige hatten nicht mal mehr Familie in Vietnam, und so versuchten auch viele, wieder nach Deutschland zu fliehen. Nicht selten gab es hier junge vietnamesische Vertragsarbeiter*innen, die Liebesbeziehungen zu DDR-Bürger*innen führten und Freund*innenschaften geschlossen hatten. Diese mussten sie nach ihrer Abschiebung für immer aufgeben.

Das ist ein Teil der Geschichte vietnamesischer Einwander*innen in Deutschland. Gleichzeitig ist es auch die Geschichte meines Vaters, ein Teil unserer Familiengeschichte und meine Vorgeschichte. Ich erfuhr all das nicht von meinem Vater selbst, vieles davon wusste er selbst nicht. »Ich war so stolz, nach Deutschland zu dürfen. Es sollte der Beginn eines besseren Lebens werden.« Dass dieses Leben hier nur eine gewisse Zeit erwünscht war und dass das bereits feststand, bevor er in das Flugzeug stieg, wusste er damals nicht.

3

EINFACH KIND SEIN ZU KÖNNEN, IST EIN PRIVILEG

Meine Kindheit begann 1989 in Vietnam. Während seiner Zeit als Vertragsarbeiter hatte mein Vater die einmalige Gelegenheit, in seine Heimat zu reisen, und lernte dort meine Mutter kennen. Existenzängste gehörten damals zum Alltag nahezu aller Familien im Land, weshalb sie zu denjenigen aufschauten, die Familienmitglieder im Ausland hatten. In der Kleinstadt, in der die Familie meiner Mutter lebte, gab es so gut wie keine betrieblichen Jobs. Die meisten Menschen versuchten, ihr Leben mit Teestuben oder kleinen Straßenrestaurants zu finanzieren. Doch da es sich kaum jemand leisten konnte, auswärts zu essen oder zu trinken, waren die Einnahmen gering.

Die Familie meines Vaters lebte auf dem Land, in der Nähe der Kleinstadt, in der meine Mutter aufwuchs. Alle waren stolz darauf, dass er in der DDR arbeiten konnte. Er schickte ihnen fast sein gesamtes Einkommen, weil seine Familie darauf angewiesen war. Meine Mutter war staatliche Balletttänzerin und siebzehn Jahre alt, als sie meinen Vater in der Teestube ihres Bruders kennenlernte. Durch sein Einkommen in der DDR gehörte er zu den wenigen, die es sich leisten konnten auszugehen. Die beiden heirateten, und noch während meine Mutter mit mir schwanger war, kehrte mein Vater in die DDR zurück. Bei meiner Geburt war er bereits aus Vietnam ausgereist. Er hatte die Hoffnung, meine Mutter und mich auf unkompliziertem Weg zu sich in die DDR zu holen, denn ein Leben in Vietnam war keine Option. Als Balletttänzerin verdiente meine Mutter zu wenig, und mein Vater ist in die DDR gegangen, noch bevor er eine Ausbildung machen konnte. Beides waren keine guten Voraussetzungen, um eine Familie zu finanzieren. Infolge der Kündigungswellen nach dem Mauerfall beantragte mein Vater für sich Asyl, und meine Mutter floh mit mir aus Vietnam in das wiedervereinigte Deutschland, um bei meinem Vater zu sein. Ich war zwei Jahre alt, als wir meinen Geburtsort verließen, und natürlich kann ich mich an die Zeit in Vietnam nicht mehr erinnern, aber ich frage mich oft, wie es wohl für mich gewesen sein muss. Noch öfter sind meine Gedanken aber bei meiner Mutter, die von heute auf morgen ihre Familie und ihre Heimat verließ – mit der Hoffnung auf ein besseres Leben.

Als wir 1991 in Deutschland ankamen, beantragten wir, wie mein Vater, ebenfalls Asyl. Auf die Pogrome in Hoyerswerda im September 1991 und Rostock-Lichtenhagen im August 1992 folgte politisch gesehen nicht etwa die Aufarbeitung der rechtsradikalen Angriffe, sondern eine rigide Asylpolitik: der sogenannte »Asylkompromiss« der CDU/CSU, SPD und FDP. Diese Grundgesetzänderung des Asylrechts führte zu massenhaften Abschiebungen aus Deutschland und verschärfte die prekäre Lebenssituation Asylsuchender. Und wir waren mittendrin. Diese heiklen Startbedingungen unserer Familie in Deutschland prägten meine gesamte Kindheit, und sie beeinflussen mich bis heute.

Die ersten Monate in Deutschland verbrachten wir in einem Heim für Geflüchtete, aber es gibt innerhalb meiner Familie kaum Erinnerungen daran. Wie für viele Vietnames*innen war auch für uns das Leben unberechenbar und mit vielen Unsicherheiten und Ängsten verbunden. Doch in der Community war gleichzeitig eine gewisse Form von Dankbarkeit verbreitet, da sie immerhin in Deutschland leben konnten. Nach einer gewissen Zeit wurden die Familien aus den Geflüchtetenunterkünften deutschlandweit verteilt, individuell und abhängig von der jeweiligen Ausländerbehörde. Wir landeten in einem Dorf in Rheinland-Pfalz. Dort lebten wir im Hinterhaus einer Familie, die eine italienische Eisdiele hatte. Sie lebten schon lange in Deutschland und besaßen die deutsche Staatsbürgerschaft. Es war die erste Zeit, in der wir als Familie länger zusammen waren. Ich selbst kann mich noch an viele Streitigkeiten zwischen meinen Eltern erinnern. Wie sie diese Zeit empfanden, weiß ich nicht.

Trotz allem sind meine Erinnerungen an diese Zeit

überwiegend positiv. Anfang der 1990er-Jahre gab es noch viele Hilfsangebote für vietnamesische Asylsuchende von Patenschaftsprogrammen bis hin zur Eingliederung in geringfügige Beschäftigungen. Meine Mutter arbeitete zum Beispiel in einer Schokoladenfabrik und brachte mir oft riesige Restestücke mit. Der Geruch von Schokolade erinnert mich bis heute an damals. Mit etwa vier ging ich für einige Monate sogar in einen Kindergarten. Die meisten vietnamesischen Kinder in unserem Netzwerk hatten diese Möglichkeit nicht. Vor der Arbeit fuhr mich meine Mutter mit dem Fahrrad hin. Ich saß auf dem Gepäckträger und hielt mich an ihr fest, so wie meine Mutter es eben aus Vietnam kannte. Meistens kam ich als erstes Kind in der Gruppe an. Das Leben dort war gut, aber einsam.

Als mit der Zeit die Spielsucht meines Vaters überhandnahm, fand unser in meinen Kinderaugen harmonisches Leben leider ein Ende. Mein Vater war sehr oft abends in einer Gaststätte mit Spielautomaten. Meine Eltern stritten sich regelmäßig wegen des ganzen Geldes, das er verspielte. Wir hatten ja nur sehr wenig, doch das hielt ihn nicht davon ab, in der Hoffnung auf den ganz großen Gewinn das letzte Bisschen auszugeben. Aus dieser Zeit habe ich keine schönen Erinnerungen, die mit meinem Vater verbunden sind. Dennoch war die Situation zu Hause noch bei Weitem besser, als sie später wurde. Die Sehnsucht nach einer Gemeinschaft und nach Unterstützung von Menschen mit ähnlichen Erfahrungen führte schließlich dazu, dass wir das kleine

Dorf verließen und nach Leipzig zogen, da meine Eltern wussten, dass es dort eine große vietnamesische Community und damit auch Hoffnung auf bessere berufliche Chancen gab. Denn so angenehm unser Leben in Rheinland-Pfalz zunächst schien, an beruflichen Perspektiven fehlte es dennoch.

Meine Eltern waren beide erst Anfang zwanzig und hatten ihr ganzes Leben vor sich. Meine Mutter hatte größere Ambitionen, als mit einem spielsüchtigen Partner und einem Minijob in einer Schokoladenfabrik alt zu werden. Zudem wünschte sie sich, ihre Eltern und Geschwister in Vietnam finanziell zu unterstützen. Doch es gab einfach kein Angebot an Weiterbildungen, Sprachkursen oder Ausbildungsmöglichkeiten für Asylsuchende. In Leipzig angekommen, es war Mitte der 90er, lebten wir anfangs in kleinen Wohnungen, die wir mit anderen vietnamesischen Familien teilten. Wir wohnten zu dritt in einem Zimmer und schliefen auf alten Matratzen, die wir irgendwo auf dem Sperrmüll gefunden hatten. Sperrmüllbesuche empfand ich als Momente der Gemeinschaft und der Leidenschaft. Wenn wir mal wieder loszogen, fand ich oft schönes, sehr gut erhaltenes Spielzeug oder ein passendes Paar Schuhe. Aus heutiger Sicht würde ich sagen, dass es sich wie Weihnachten angefühlt haben musste, auch wenn ich damals nicht mal im Ansatz wusste, was Geschenke überhaupt sind, geschweige denn jemals etwas von Weihnachten gehört hatte.

Bis Ende 1990 lagen den Ausländerbehörden über 9000 Asylanträge von Vietnames*innen vor, die allerdings fast alle abgelehnt wurden.[1] Die meisten Asylsuchenden wurden als sogenannte Wirtschaftsflüchtlinge eingestuft und erhielten den Status einer Duldung, galten aber nicht als in Vietnam verfolgt.[2] Vietnamesische Asylsuchende waren aber vor allem ehemalige Vertragsarbeiter*innen. Menschen, die sich hier ein Zuhause geschaffen und die den Mangel an Arbeitskräften in der DDR ausgeglichen hatten, wurden also als Wirtschaftsflüchtlinge bezeichnet. Das bedeutete konkret: Alle drei Monate mussten sie bei der Ausländerbehörde einen Antrag auf Verlängerung der Duldung stellen, mit der die Abschiebung lediglich ausgesetzt wurde.[3] Gleichzeitig verwehrte Vietnam denjenigen, die in Deutschland einen Asylantrag stellten, also demnach nicht in die alte Heimat zurückkehren wollten, die Einreise ins Land. Die Situation, in der sich die Vietnames*innen in Deutschland befanden, war schier ausweglos. Weil eine Duldung de facto kein Aufenthaltstitel war, durften sie in Deutschland weder arbeiten noch den Wohnsitz ohne außerordentlichen Grund verlassen. Das galt auch für vorübergehende Ausflüge. Sie befanden sich in einem Korsett, in dem sie sich nicht bewegen und gegen das sie sich nicht wehren konnten. Für einen Aufenthaltstitel hätten sie unabhängig von Sozialhilfeleistungen sein und eine Anstellung haben müssen – beides unmöglich, da mit einer Duldung eine Arbeitserlaubnis ausgeschlossen war. Die kaum erfüllbaren Bleiberechtsregelungen führten zu einer Prekarisierung vietnamesischer Migrant*innen, und so blieb vielen nichts anderes übrig, als sich von Duldung zu Duldung zu hangeln und weiterhin zu hoffen.

Mit dieser Hoffnung begleitete ich meine Eltern als kleines Kind jedes Mal zur Ausländerbehörde. Nie werde ich vergessen, wie sie vor den Terminen ihre Unterlagen mehrmals sichteten und sich besonders ordentlich anzogen, um sich das Wohlwollen der zuständigen Person im Amt zu sichern. Trotz gesenkten Kopfes und immer höflich nickend, gaben sie uns immer nur eine weitere Duldung. Monat für Monat und Jahr für Jahr. Wir mussten die Entscheidungen akzeptieren. Was hatten wir für eine andere Wahl?

Trotz allem war uns sehr bewusst, dass wir in gewisser Sicht immer noch Glück hatten, denn viele Familien wurden abgeschoben, darunter Nachbar*innen, Freund*innen und auch Familienangehörige. Die Angst vor Abschiebungen legte sich wie eine schwere Decke über unser Leben und bestimmte meine Kindheit. Wie kann eine Familie hier ankommen, wenn sie immer mit fertig gepackten Koffern und einem Fuß auf der Türschwelle leben muss? Wie kann ein Kind einfach Kind sein, wenn seine ersten Erinnerungen voller Sorge und Traurigkeit sind?

ÜBER SONNTAGE

In meiner Erinnerung regnete es sonntags unverhältnismäßig oft. Ich stand drinnen, umgeben von Einsamkeit und einem Kummer, dessen Komplexität ich gar nicht greifen konnte. Vor dem Fenster im Wohnzimmer, was gleichzeitig mein Kinderzimmer war. Es gab eine Zeit, da durfte ich nicht so oft raus, mir wurden Gruselgeschichten darüber erzählt, warum Kinder mittags zu Hause bleiben müssten. Ich fürchtete mich aber mehr vor den Geistern zu Hause. Es herrschte eine spürbare dicke Luft, die uns umgab und jederzeit zu einer echten Bedrohung werden konnte. Das Unwohlsein innerhalb unserer Familie hing wie ein Schleier über jedem Gedanken und hielt uns davon ab, überhaupt über die Zukunft nachdenken zu können. Unser Leben befand sich stetig im Dazwischen, und mit halbfertig gepackten Koffern mussten wir stets darauf gefasst sein, von heute auf morgen alles in Deutschland aufzugeben.

Auch wenn dies alles nicht viel war, war es doch unser Leben.

Ich erinnere mich an die Gänge zur Ausländerbehörde. Die ersten zehn Jahre meines Lebens mussten wir alle drei Monate hin. Jedes Mal hoffnungsvoll, dass wir dieses Mal eine längere Duldung erhalten würden. Voller Demut und gesenkten Blickes betraten wir das Zimmer. Ich übersetzte. Das erste Mal, als ich das tat, war ich etwa acht Jahre alt. Und jedes Mal, wenn wir mal wieder nur mit drei weiteren Monaten Verlängerung rausgingen, weinte meine Mutter, und in meiner kindlichen Naivität wusste ich nicht, warum. Es klappte ja immer, wir mussten doch nicht zurück.

Was hieß überhaupt »zurück«?

Das erfuhr ich, als meine Freundin nicht mehr in der Schule erschien. Einen Tag zuvor unterhielten wir uns noch über ihr Geschwisterchen und stritten um die schönsten Namen, ausschließlich deutsche natürlich. Ihre Mutter war im achten Monat schwanger. Ihre Familie lebte ein Leben wie wir. Ein Leben wie unsere Familie lebten sehr viele in Deutschland, insbesondere im Osten. Wir, die ehemaligen Vertragsarbeiter*innen, die erst gebraucht und schließlich nicht mehr gewollt waren. Meine Freundin und ich, wir telefonierten sonntags oft, weil sie wie ich nicht rausdurfte.

Bis zu diesem Tag. Denn das ging dann nicht mehr.

Sie musste zurück nach Vietnam. An einen ihr fremden Ort, den sie nur aus Geschichten kannte. Mitten in der Nacht. Daran hat sich wohl seitdem nichts geändert. Unsere Sonntage waren seitdem für immer anders. Von einem auf den anderen Tag wurde ich erwachsen. Und ab diesem Zeitpunkt wollte ich nichts mehr als eine Aufenthaltserlaubnis, die über mehr als drei Monate hinweg verlängert werden würde. Ab diesem Zeitpunkt weinte nicht nur meine Mutter, wenn wir die Ausländerbehörde verließen. Nun wollte ich nichts mehr als Sicherheit für meine Familie und für meine Freund*innen.

Wie sieht das Leben eines Kindes aus, das kaum im Kindergarten war, nie in den Urlaub fuhr, kein eigenes Bett oder Zimmer hatte und dessen einzige Freund*innen über Nacht verschwanden? Es hat eine Kindheit in Fragmenten. Einige Fragmente sind gut: die Sperrmüllbesuche zum Beispiel. Den vielen Geschichten zu lauschen, die sich die Erwachsenen aufgeregt zuflüsterten, während ich vor mich hindöste. Geschichten über Vietnam lösten in mir Sehnsucht und Furcht zugleich aus. Sie fühlten sich nach zu Hause an und waren mir doch sehr fremd. Im Gegensatz zu meinen Eltern hatte ich nichts, was ich vermissen konnte, denn ich kannte es nicht anders. Doch das Gefühl, dass etwas fehlte, spürte ich so sehr in unseren Räumen, an unseren Wänden und im Klang der erwachsenen Stimmen, dass es mir bis heute in eindrücklicher Erinnerung geblieben ist.

Wenn ich an Fürsorge und Geborgenheit in meiner Kindheit denke, dann ist mein Vater nie Teil davon. Er litt so sehr unter den Folgen der Vertragsarbeit, dass sein Leid auch uns nicht verschonte. Seine Spielsucht wurde immer stärker, sodass es neben den strukturellen Problemen, mit denen wir zu kämpfen hatten, auch innerhalb unserer Familie zu vielen Konflikten kam. In den Wohngemeinschaften wurde weiterhin um Geld gespielt, obwohl eigentlich niemand welches besaß. Die geringen Sozialleistungen waren für Lebensmittel vorgesehen, aber es gab Tage, an denen wir nichts im Kühlschrank hatten, weil mein Vater all unser Geld verspielt hatte. Meine Eltern stritten sehr oft, und ich war froh, wenn mein Vater nicht zu Hause war. Er war ein Opfer des Systems, und wir wurden zu seinen Opfern. Mein Vater war für mich nie erreichbar. Oft habe ich mir dennoch Nähe zu ihm gewünscht, ist er doch trotz alledem mein Vater. Manchmal versuchte ich, die Konflikte zu schlichten, indem ich zeigte: Ich bin eure Tochter und ich bin auch noch da. Meine Mutter war immer stark und überließ ihm unser kaum vorhandenes Geld selten freiwillig und ohne erheblichen Widerstand.

Ich durfte als Kind sehr viel Zeit vor dem Fernseher verbringen. Nicht, weil meine Mutter sich nicht mit mir beschäftigen wollte, sondern weil sie dachte, es würde mir helfen, mich in Deutschland zurechtzufinden. Ich schaute Walt-Disney-Filme, weil jemand die Videokassetten aussortiert hatte, und auch Nachrichten, in denen Menschen einfach in die Kamera sprachen, faszinierten mich. Ich verstand zwar kein Wort, aber die Bilder haben ausgereicht, um in mir eine neue Sehnsucht nach Zugehörigkeit zu wecken. Ich wollte zu der Welt außerhalb unserer Wohnung und auf der anderen Seite des Bildschirms gehören. Diese Sehnsucht fand mit meiner Einschulung in die Grundschule vorerst ein Ende.

Dass ich ab Oktober 1996 in einer Grundschule in Leipzig saß, war eigentlich ein Zufall. Wie viele in der vietnamesischen Diaspora wussten auch wir nicht, dass ich in die Schule gehen darf. Schließlich durfte keines der vietnamesischen Kinder in meinem Umfeld in den Kindergarten, warum sollte das mit der Schule anders sein? Wie so viele wichtige Informationen, die uns nicht zugänglich gemacht wurden, erfuhren wir nur durch eine zufällige Begegnung mit einem Bekannten, dass es sogar eine Schulpflicht gibt. Mein Vater sprach zwar Deutsch, was für das alltägliche Leben und den Gang zur Behörde ausreichte. Doch das ersetzte natürlich nicht die Notwendigkeit, über grundlegende Bedingungen und auch Möglichkeiten in Kenntnis gesetzt zu werden. Auch diese fehlende Transparenz sorgte dafür, dass vietnamesische Familien von weiten Teilen des Lebens in Deutschland ausgeschlossen blieben.

Ich konnte bereits vor der Einschulung lesen – zumindest Vietnamesisch. Da meine Mutter davon ausging, dass ich nicht in die Schule gehen würde, fing sie an, mir Lesen und einige einfache Rechenaufgaben beizubringen, als ich sechs Jahre alt wurde. Ich erinnere mich an meine Neugierde und an meine Freude am Lernen. Als ich dann erfuhr, dass ich in die Schule darf, war ich mehr als aufgeregt. Möglicherweise könnte meine Sehnsucht nach Zugehörigkeit endlich gestillt werden. Ich würde in die Welt eintreten, die mir bis dahin verwehrt worden war, und andere gleichaltrige Kinder kennenlernen.

In der Schule war ich das einzige Kind mit Migrationsgeschichte. Am ersten Schultag saß ich neben einem Mädchen, das später zu meiner besten Freundin wurde, und sprach kein einziges Wort Deutsch, weil ich es zu dieser Zeit noch nicht konnte. Ich wurde gemocht und sehr gut aufgenommen. Ich lernte »Drei Chinesen mit dem Kontrabass« und spielte Schere, Stein, Papier in der Version »Ching, chang, chong«, ohne zu wissen, dass beides Menschen wie mich degradiert. Denn diese Version soll die Sprache der Menschen mit chinesischer Herkunft und jener mit vermeintlich chinesischen Bezügen in negativer Weise imitieren. Ich wurde liebevoll als »Ausländerin« oder »Fidschi« bezeichnet. Dieser Begriff wird insbesondere in Ostdeutschland als Beleidigung für Vietnames*innen, aber auch für andere Menschen mit ost- und südostasiatischen Bezügen verwendet. Niemand meinte es böse, also versuchte ich, nicht so sensibel zu sein. Doch diese Erfahrungen verletzten mich und prägten mein Selbstbild – ich fühlte mich nicht genug und nicht richtig. Meine Grundschullehrerin wurde zu meiner ersten Bezugsperson außerhalb der Familie, und sie half mir, meine anfängliche Unsicherheit in Vertrauen und Freude umzuwandeln.

Einmal kam sie ausnahmsweise zu uns nach Hause, um mit meiner Mutter über meinen schulischen Fortschritt zu sprechen. Eine Szene kommt mir sofort in den Sinn, wenn ich an diesen Tag denke: Meine Mutter verbrachte den ganzen Vormittag damit, den schwarzen Schimmel neben unserem Küchenfenster abzuwischen, damit meine Grundschullehrerin keinen schlechten Eindruck von uns bekam. Wir waren kurz nach meiner Einschulung in eine eigene Wohnung gezogen, als Mitte der 1990er viele Investor*innen aus der ehemaligen BRD massenhaft Wohngebäude im Osten aufkauften und eher halbherzig sanierten, um sie weiterzuvermieten. Es war die erste Wohnung, die wir uns nicht mit anderen Familien teilen mussten, und sie war sogar halbwegs eingerichtet. Bis auf den Schimmel war sie in einem guten Zustand. Wir waren arm und hatten nichts, aber dennoch waren wir anständige Menschen. Dazu gehörte laut meiner Mutter eben auch eine saubere Wohnung. Mein Bruder kam in dieser Zeit Mitte der 1990er zur Welt.

Ich war gut in der Schule und fand schnell Freund*innen. Deutsch lernte ich in einem Wimpernschlag, wie es bei Kindern oft der Fall ist. Wie Schwämme saugen sie alles auf. In der Grundschule merkte ich schnell, dass ich in zwei Welten lebte. Zu Hause wurde Vietnamesisch gesprochen, gegessen und gelebt. Zu Hause gab es viele Probleme, immerzu eigentlich, und zu Hause war ich ein Kind mit Erwachsenenproblemen auf meinen Schultern. In der Schule war ich ein Kind, das irgendwie anders war, aber dort ging es einfach um mich und meine Bedürfnisse. Ich sprach Deutsch, aß deutsches Essen in der Schulkantine und passte mich so schnell an, dass ich schon in der zweiten Klasse ein richtiges Gefühl der Vorfreude auf Weihnachten entwickelte. Gleichzeitig stellte sich ein Unwohlsein ein: Ich schämte mich für unser Leben zu Hause. Ich schämte mich für den Schimmel, für die Kleidung aus dem Sperrmüll. Und ich schämte mich dafür, nie in den Urlaub zu fahren, und für die fehlenden Sprachkenntnisse meine Mutter. Ich lud fast nie Freund*innen zu mir ein und war immer lieber woanders. Das änderte sich im Laufe meiner Kindheit nie.

Jeden Sommer fuhren wir zu meiner Tante in ein

Dorf in der Nähe von Ludwigshafen. Meine Jugendfreund*innen, die wie selbstverständlich ins Ausland reisten, schauten mich immer mitleidig an, wenn ich nach den Sommerferien davon erzählte. Später hörten sie auf, mich danach zu fragen, was ich in den Ferien gemacht hätte. Dabei gehörten diese Besuche zu den wenigen Zeiten im Jahr, die ich unglaublich schön in Erinnerung habe.

Es ist das Jahr 2003. Meine Tante wohnte mit ihrem Mann in einer Wohnung am Rande des Dorfes direkt neben Feldern und einem kleinen Wald. Um dorthin zu kommen, fuhr meine Mutter mit meinem Bruder und mir jeden Sommer mit dem Schönes-Wochenende-Ticket mehr als sieben Stunden quer durch Deutschland. Während der Zugfahrt gab es belegte Toastbrote mit Wurst und Butter und ausnahmsweise auch mal kleine Snacks vom Bäcker. Wir ließen es uns im Rahmen unserer Möglichkeiten gutgehen. Unser Alltag bei meiner Tante bestand aus gemeinsamem Kochen, ein wichtiger Teil vietnamesischer Kultur, und auch viel Langeweile. Mein Bruder und ich fuhren oft mit Fahrrädern oder Inline-Skates den Feldweg entlang und ließen uns durch den Tag treiben. Wenn es regnete, verbrachten wir auch mal den ganzen Tag vor dem Fernseher. Wir schliefen im Wohnzimmer auf Matratzen, die auf dem Boden lagen, und ich liebte es einzuschlafen, während sich meine Mutter leise mit ihrer Schwester unterhielt. Sie erzählten Geschichten über Vietnam und unsere Verwandten. Über Sorgen und Probleme, die sie, und wir, hatten, und wer aus dem entfernten Bekanntenkreis endlich eine Aufenthaltsgenehmigung erhielt.

Für mich war es die beste Zeit des Jahres, denn in diesen sechs Wochen war es egal, dass ich nicht die neuesten Schuhe oder das schickste Fahrrad hatte. Es war egal, dass meine Mutter nicht so gut Deutsch sprach und auch, dass wir im Plattenbau lebten. Ich vergaß unsere Sorgen, und dass wir nicht dazugehörten, denn an diesem Ort hatten wir einander. Beieinander konnten wir so sein, wie wir sind, ohne uns verstecken zu müssen. Es störte mich nicht, dass niemand mehr danach fragte, wie meine Sommerferien waren, denn die meisten hätten es wahrscheinlich nicht verstanden. Diese kleine Insel war von außen betrachtet nicht spektakulär oder aufregend und doch so wertvoll für mich, dass ich sogar Angst hatte, sie könne kaputtgehen, wenn ich sie mit anderen geteilt hätte.

Es gab dieses *Wir* und *die anderen*. Unser Anderssein hatten wir uns nie ausgesucht, und doch war es nun mal ein Umstand, den wir nicht ändern konnten. Wir konnten nur unser Bestes geben, um damit zu leben. Etwas gegen die Benachteiligungen, die wir erlebten, zu unternehmen, kam uns nie in den Sinn. Meine Mutter brachte uns bei, uns anzupassen und unterzuordnen. Ihre Überlebensstrategie wurde zu unserer.

Für uns änderte sich sehr lange nichts. Wir hatten noch immer eine Duldung, als ich die Grundschule abgeschlossen hatte – wir behielten sie, bis ich siebzehn Jahre alt wurde. Meine Mutter begann ein paar Minijobs anzunehmen, mein kleiner Bruder war oft krank, und so verbrachte ich neben der Schule viel Zeit bei Behörden, Ärzt*innen und in Krankenhäusern, um zu übersetzen. Zu Hause war für mich ein schwieriger Ort. Ich liebte meine Mutter und meinen Bruder, aber gleichzeitig wollte ich so selten wie möglich bei ihnen sein. Die Spielsucht meines Vaters rückte in den Hintergrund, seine Drogensucht wurde schlimmer, sodass mein Bruder ihn noch seltener ohne Aggressionen zu sehen bekam. Wir erhielten keine Hilfe, denn niemand interessierte sich für unsere Situation. Dabei war unsere Familie keine Ausnahme.

Auch als die sogenannte vietnamesische Zigarettenmafia viele in Leipzig und Berlin lebende vietnamesische Familien tyrannisierte, blieben wir nicht verschont. Es gab verschiedene Banden, und sie kamen vor allem aus Zentralvietnam nach Deutschland. Es gab allerdings auch einige unter ihnen, die ebenfalls asylsuchend waren. Ihre Perspektivlosigkeit und die Sehnsucht nach Geld, das sie zu ihren Familien nach Vietnam schicken konnten, trieb sie in die Illegalität. Die meisten von ihnen verkauften neben Zigaretten auch härtere Drogen und waren oft selbst Konsument*innen. Wenn sie in die Wohnung einer Familie kamen und bleiben wollten, konnte man nichts dagegen tun. So lebten auch wir eine Zeit lang mit ihnen zusammen. Während wir Kinder im Schlafzimmer spielten, konsumierten junge vietnamesische Männer im Wohnzimmer Heroin.

Ich erinnere mich an einen Nachmittag, an dem ich allein mit meinen Spielfiguren auf dem Teppich spielte. Behutsam stellte ich sie auf, und neben mir wartete mein heiß dampfender Kakao. Aus dem Wohnzimmer hörte ich das Gemurmel meiner Eltern und fühlte mich geborgen. Ich wusste, dass meine Eltern da waren, und sie stritten sich mal nicht. Plötzlich polterte es an der Tür, und dunkel gekleidete Menschen betraten die Wohnung. Meine Mutter kam zu mir ins Zimmer gestürmt, hinter ihr die Fremden. Das komplette Zimmer auf den Kopf zu stellen, ging schnell, denn wir hatten ja nicht viel. Mein Vater versuchte zu diskutieren, und anstatt eine Antwort zu erhalten, wurde er von zwei Uniformierten auf den Boden gedrückt. Er lag direkt vor mir. Ich kann meine körperliche Starre, die verschwommenen Bilder und meine gleichzeitig unglaublich geschärften Sinne noch immer nachfühlen, als wäre es gestern gewesen. Als sie unsere Wohnung verließen, waren alle Spielfiguren zerbrochen und der Kakao auf dem Teppich verteilt. An diesem Tag war ich etwa sieben Jahre alt und meine Kindheit begann bereits zu enden.

Im Herbst 1997 wurde das »Gesetz zur Änderung ausländer- und asylverfahrensrechtlicher Vorschriften«[4] eingeführt, das es Vietnames*innen erstmals ermöglichte, eine unbefristete Aufenthaltsgenehmigung zu erhalten, wobei die Aufenthaltsdauer vor der Wiedervereinigung mitberücksichtigt wurde. Endlich konnten einige ehemalige vietnamesische Vertragsarbeiter*innen ihre in Vietnam zurückgelassenen Familienmitglieder nach Deutschland holen. Gleichzeitig durften auch Familien mit Kleinkindern, die abgelehnte Asylanträge hatten, eine Aufenthaltsgenehmigung beantragen, sofern sie länger als sieben Jahre in Deutschland lebten, keine Straftaten begangen hatten und über ausreichendes Einkommen verfügten. Diejenigen, die kein Bleiberecht erhielten, mussten nun endgültig zurück nach Vietnam. Die Bundesregierung hatte mit der Sozialistischen Republik Vietnam ein Rücknahmeabkommen[5] abgeschlossen, das erst mit der Drohung der deutschen Regierung zustande kam, alle Entwicklungsprojekte in Vietnam aufzukündigen. Deutschland trug alle Kosten der Abschiebungen, und von den 40 000 in Deutschland lebenden Vietnames*innen wurden etwa 6000 abgeschoben.[6]

Vor der Schulzeit hatte ich ausschließlich Kontakt zu anderen vietnamesischen Familien. Alle waren in derselben Situation wie wir. Unsere Geschichten waren ähnlich, und manchmal schmerzten sie weniger, weil man sie mit Menschen teilen konnte, die genau wussten, wie es sich anfühlte. Gleichzeitig tauschte man Informationen untereinander aus, denn das Deutsch der meisten reichte nicht für die komplizierte Behördensprache aus. Eine Übersetzung ins Vietnamesische gab es natürlich nicht, und Dolmetscher*innen konnte sich niemand leisten – abgesehen davon, dass es in den 1990ern so gut wie keine vietnamesischen Übersetzer*innen gab. Es war überlebensnotwendig, sich untereinander zu beratschlagen und Wissen zusammenzutragen. Die Angst vor Abschiebungen war groß, denn es gab immer noch Familien, die von heute auf morgen und über Nacht abgeschoben wurden. Selbst schwangere Personen und Kleinkinder blieben nicht verschont. Wonach die Behörden diese Entscheidungen trafen, blieb uns trotz allem immer ein Rätsel.

Unsere Familie wurde zwar nicht abgeschoben, aber wir erhielten auch nicht wie andere Familien eine unbefristete Aufenthaltsgenehmigung. Nach meiner Grundschulzeit in Leipzig mussten wir nach Sachsen-Anhalt in eine Kleinstadt ziehen. Es war Anfang der 2000er-Jahre. Mein Vater war drogenabhängig, und um seinen Konsum zu finanzieren, beging er Straftaten. Meine Mutter war praktisch alleinerziehend und konnte keinen festen Job annehmen. Abgesehen davon, dass es zu dieser Zeit kaum Arbeitsplätze gab, waren diese für Menschen mit Migrationsgeschichte, ohne sicheren Aufenthaltstitel und perfekte Sprachkenntnisse so gut wie unerreichbar. Meine Mutter bemühte sich dennoch, und wir versuchten immer weiter, einen Aufenthaltstitel zu bekommen. Doch jedes Mal wurde lediglich unsere Duldung verlängert. Stempel um Stempel wurde die Kette unserer Duldungen länger.

Die kalten Wände spiegelten die Kälte, die uns in den Büroräumen begegnete, wider. Während der ganzen Zeit hatten wir dieselbe Sachbearbeiterin, die so emotions- und empathielos war, dass es mir heute noch kalt den

Rücken runterläuft. Sie war in all ihren Entscheidungen rigoros. Übersahen wir auch nur eine Zeile im Antrag, wurden wir wieder nach Hause geschickt und mussten einen neuen Termin vereinbaren. War dieser Termin weit über dem Gültigkeitsdatum unserer Duldung, so mussten wir uns eine sogenannte Fiktionsbescheinigung abholen. Diese bestätigte lediglich, dass wir einen Antrag auf Verlängerung gestellt hatten. Unsere Sachbearbeiterin hat sich keine Chance auf Schikane nehmen lassen, sodass wir im Wartezimmer nicht selten vor Verzweiflung weinten. Insgesamt lebten wir fünfzehn Jahre mit einer Duldung.

Es gab Familien, die ebenfalls nicht alle Bedingungen erfüllten, jedoch aus Kulanz einen Aufenthaltstitel bekamen, da viele von ihnen, wie wir, bereits mehr als ein Jahrzehnt in Deutschland lebten, ihre Kinder zum Teil hier geboren waren und Vietnam für sie ein fremdes Land war. Das traf auch auf meinen Bruder zu. Diese Fälle ließen uns natürlich immer wieder hoffen, dass auch wir irgendwann Glück haben würden. Kulanz ist ein unsichtbares Machtgefälle, das nirgendwo festgeschrieben und somit kontrolliert werden konnte. Die Nicht-Kulanz als Unterdrückungsmethode gegen viele Asylsuchende wurde nicht benannt und entschied jedoch über ganze Existenzen. Als Kind wusste ich bereits, wie sich Ohnmacht anfühlt, bevor ich lernte, Träume und Wünsche zu haben.

4

ANDERSSEIN UND UNSICHTBARKEIT

Es gibt eine Sache, die ich sehr schnell gemerkt habe, nachdem ich eingeschult wurde: Ich bin anders als die anderen. Die Sprache, mit der ich aufgewachsen bin, in der ich dachte und träumte, war eine andere als die meiner Mitschüler*innen. Es gab so vieles, was ich nicht kannte. Das erste deutschsprachige Kinderlied, das ich in der ersten Klasse lernte, war »Alle meine Entchen«, und ich kannte keines der bekannten Kinderbücher wie *Das Sams* oder die Märchen der Gebrüder Grimm. Ich glaube, viele Menschen unterschätzen, wie viel kleine Kinder bereits über die Kultur und Gesellschaft, in der sie leben, lernen und wie viel Wissen sie in den ersten Lebensjahren schon ansammeln. Von Spielen, Reimen, Geschichten und Liedern bis zu sozialen Regeln. Das meiste dieses Wissens, das in der ersten Klasse ganz selbstverständlich vorausgesetzt wurde, besaß ich nicht. Dafür konnte ich Vietnamesisch lesen und sehr viele Märchen meiner Kindheit detailliert und mit großer Leidenschaft erzählen. Nur hätte sie niemand verstanden, und so vergaß ich diese Geschichten irgendwann, sodass heute nicht mehr viel von ihnen übriggeblieben ist.

DAS MANTRA MEINER KINDHEIT

Wenn du hier angenommen werden möchtest, musst du so sein wie sie. Du musst dich so kleiden wie sie, die gleiche Musik hören wie sie, und du musst so sprechen wie sie. Du musst ihr Essen mögen oder Essen kochen, das sie mögen. Und wenn du das geschafft hast, dann sei in allem ein bisschen besser. Denn es gibt Dinge, die kannst du nicht verstecken, egal wie hart du arbeitest. Dein Name, dein Aussehen und dein Geburtsort werden für sie immer sichtbar sein. Das musst du wissen, auch wenn du mal denken, ja sogar fühlen wirst, dass du wirklich dazugehörst.

Wenn du besser bist als sie, verhalte dich dennoch unauffällig und zeig es nicht zu offensichtlich. Ecke niemals an, streite dich nicht und akzeptiere die Gesellschaft, so wie sie ist. Es ist okay, durchschnittlich oder gar arm zu wirken, denn sie werden Mitleid mit dir haben und dir so eine Daseinsberechtigung einräumen. Sie möchten dich nicht als Konkurrenz, denn davon haben sie schon zu viel, und Antipathie kannst du dir nicht leisten.

Wer sind denn sie?, fragte mein jüngeres Ich.

Sie sind die Menschen, die nicht die »anderen« sind. Sie sind die Menschen, die *weiß* sind, einen deutschen Pass haben und hier zur Welt kamen. Sie sind diejenigen, die niemals ihr Land verlassen mussten, sondern schon immer in Sicherheit lebten. Sie sind die Menschen, die hier Schulbücher schreiben, in Filmen mitspielen, Radiosendungen moderieren, Vorlesungen halten und deine Urkunden ausstellen. Sie sind die Norm, und sie sind diejenigen, die dein Anderssein definieren.

Ich hatte unglaublich großen Respekt vor meinen Lehrer*innen. *Weiße* erwachsene Menschen kannte ich vor allem von unseren regelmäßigen Behördengängen. Ich konnte mir nicht vorstellen, dass ich ein vertrautes Verhältnis zu ihnen herstellen könnte, ohne dafür sehr viel tun und etwas leisten zu müssen. Ohne mich dafür verstellen und anpassen zu müssen. Darauf hatte mich auch meine Mutter vorbereitet, denn sie kannte es nicht anders. Ihrer Erfahrung nach bekommt man in diesem Land nichts einfach so, und Akzeptanz ist immer an Bedingungen geknüpft. Darauf stellte ich mich ein und bemühte mich von Anfang an darum, die Anforderungen zu erfüllen. Das war mir natürlich damals alles nicht immer so bewusst.

Ich begann nach und nach, meine vietnamesische Identität zu verstecken. Ich wünschte mir eine klare Trennung zwischen zu Hause und der Schule: Recht schnell lernte ich das Unwohlsein kennen, das sich einstellte, wenn meine Mitschüler*innen entweder mit sensationslustiger Neugier oder mit schlecht zurückgehaltenem Ekel in meine Brotbüchse schauten oder den

Zustand meiner Kleidung betrachteten. Die Grundschule war jedoch im Vergleich zu den kommenden Schuljahren ein geschützter Raum. Die positiven Erinnerungen überwiegen, denn ich lernte zum ersten Mal Freund*innen kennen, mit denen ich die Welt im Fernseher teilte, zu der ich so sehr dazugehören wollte. Zudem konnte ich so von meinem Zuhause entfliehen, in dem fast täglich gestritten wurde.

Als wir nach meiner Grundschulzeit nach Sachsen-Anhalt in eine Kleinstadt zogen, musste ich mich auf eine komplett neue Umgebung einstellen. Wir zogen in eine unsanierte Wohnung im achten Stock eines Plattenbaus. Sie war nicht schön, aber ich hatte zum ersten Mal ein eigenes Zimmer, und das gefiel mir. Unsere Nachbar*innen waren migrantisiert oder gehörten der sozio-ökonomischen Unterschicht an, oft auch beides. Die Gemeinschaft dort habe ich in schöner Erinnerung: Ich spielte oft mit den anderen Kindern auf dem Hof, und mein Bruder lernte hier Fahrradfahren. Es war immer etwas los, und ich musste mich weder für unsere Wohnung noch für unsere Armut schämen, denn den anderen ging es genauso.

Da es in der Stadt keine vietnamesische Community gab, machte meine Mutter zum ersten Mal auch Bekanntschaften mit Familien, die nicht vietnamesisch waren. Wir waren gut mit einer Familie aus Kosovo befreundet, und auch wenn unsere Lebenswege unterschiedlich verlaufen waren, ähnelten sich unsere Lebensrealitäten jetzt. Dieses Wissen überraschte meine Mutter, denn bis dahin dachte sie, dass nur vietnamesische Migrant*innen von den institutionellen Hürden, die sie kannte, betroffen wären. Anfang der 2000er lebten viele Menschen aus dem ehemaligen Jugoslawien in dem Plattenbau. Sie hatten es ähnlich schwer wie wir und mussten gegen die Konsequenzen der rigiden Asylpolitik ankämpfen. Da unter ihnen viele Deserteure des Krieges waren und dies offiziell kein Asylgrund ist, drohte ihnen die Abschiebung in eine ungewisse Zukunft im Herkunftsland.[1] Wir hatten zum Teil dieselben Sachbearbeiter*innen und gingen manchmal zusammen zur Ausländerbehörde.

Auf der neuen Schule machte ich auch ganz neue Ausgrenzungserfahrungen und ging auch zum ersten Mal nicht mehr gern in den Unterricht. Als »Fidschi, die Hunde isst« bezeichnet zu werden, gehörte nun zu meinem Alltag. Ich hörte diese Assoziation zum ersten Mal in der Schule von *weißen* Mitschüler*innen, denn in meiner Familie haben wir noch nie Hund gegessen. Ich weiß, dass Hundefleisch eine Art Delikatesse in Vietnam ist, aber es ist kein gängiges Gericht. Und selbst hier sollte die Frage gestellt werden: Warum ist es moralischer und weniger unhygienisch, Schwein zu essen? Im Prinzip ist beides unmoralisch, nur wird das eine zur Diskriminierung ostasiatischer Menschen eingesetzt, während das andere von der Dominanzgesellschaft legitimiert ist. Die Deutungshoheit darüber, was akzeptabel und was moralisch verwerflich ist, liegt bei der dominanten Gesellschaft. Die Ausgrenzungserfahrung war nun unmittelbar mit rassistischer Diskriminierung verknüpft und verbreitete sich in meiner Schule wie ein Lauffeuer. Sie mündete nicht selten in physische Gewalt, und ich musste auch die Erfahrung machen, dass Lehrkräfte sich nicht dazu berufen fühlten, einzugreifen.

Es war in der fünften Klasse und eine der ersten Sportstunden auf der neuen Schule. Auf dem Unterrichtsplan stand Basketball. Eine Mitschülerin hatte es seit dem ersten Tag auf mich abgesehen und ließ keine Gelegenheit aus, mich verbal anzugreifen. Das nahm im Sportunterricht einen ersten Höhepunkt, als sie anfing, mit dem schweren Basketball auf mich zu zielen und mich mehrmals am Kopf zu treffen. »Du hast doch sowieso einen platten Kopf und eine platte Nase, das macht dir doch nichts aus« und »Mach doch deine Schlitzaugen auf oder siehst du mit ihnen schlecht?« bekam ich von meinen Mitschüler*innen zu hören, als ich weinend auf dem Boden saß. Mein Sportlehrer schaute weg, niemand griff ein. Solche Angriffe wurden als jugendliche Sticheleien abgetan. Von Rassismus war keine Rede. So etwas gäbe es schließlich an dieser Schule nicht. Institutionalisierter Rassismus manifestiert sich auch darin, dass Aufsichtspersonen ihre Verantwortung für die körperliche Unversehrtheit der Schutzbefohlenen nicht ernst nehmen und ihr nicht nachkommen. Als ich nach diesem Vorfall zu meiner Klassenlehrerin ging, wurde ich mit kühlem Unterton unterbrochen, ich sei doch selbst schuld, weil ich meine Mitschüler*innen mit meinem Verhalten aufgestachelt hätte. Was sie damit meinte: Du bist anders, und deshalb musst du das aushalten, und ich werde dich nicht unterstützen.

Nach dieser Erfahrung hörte ich auf, mich auf meine Lehrer*innen zu verlassen. Das Vertrauen, das ich in der Grundschulzeit aufgebaut hatte, ging verloren, und ich wusste, dass ich eine eigene Strategie entwickeln musste, um mit der täglichen Diskriminierung umzugehen. Ich versuchte, mich unsichtbar zu machen. Besser gesagt, die Seite von mir, die hier offensichtlich nicht willkommen war. Ich versuchte, möglichst *deutsch* zu sein und nicht aufzufallen. Das bedeutete für mich, ruhig zu sein und keine Ecken und Kanten zu zeigen. Ohne es zu wissen, entsprach ich damit dem Bild, das von ostasiatischen Menschen erwartet wurde: die fleißige, angepasste und ruhige Vorzeigemigrantin.

Damals gab es keine Vorbilder oder repräsentative Personen der Öffentlichkeit, die einen ostasiatischen oder gar vietnamesischen Hintergrund hatten. Als ich anfing, Serien wie *Sailor Moon* zu schauen, lernte ich Figuren kennen, die zumindest schwarze Haare hatten und keine europäischen Namen trugen. Auch wenn sie dem westlichen Schönheitsideal entsprachen und durchaus Stereotype ostasiatischer Frauen bedienten, so konnte ich mich als Kind zumindest mit einigen von ihnen identifizieren. Wenn ich in der Hofpause mit meinen Freund*innen Kinderfilme nachspielte, war immer klar, dass ich nicht die Protagonistin spielen durfte, denn diese waren vorwiegend *weiß* und blond oder brünett.

Als wir anfingen, heimlich die *Bravo* zu lesen, waren

darin enthaltene Schminktipps nicht für Menschen wie mich gedacht. Ich war ganz selbstverständlich in nahezu allen Bereichen nicht mitgemeint und nicht repräsentiert. Hat Repräsentation einen großen Einfluss? Darüber wird bis heute diskutiert, und es mag auf der individuellen Ebene unterschiedliche Ansichten dazu geben. Doch Fakt ist, dass wir bis heute nicht wissen, was es mit Kindern machen würde, wenn sie statt nur *weißen* auch Schwarze, *asiatische* und indigene Protagonist*innen gesehen hätten. Denn diese Repräsentation bleibt in Deutschland bis heute größtenteils aus. *Representation matters:* Damit sind nicht nur die Hautfarbe, Herkunft oder das Geschlecht gemeint, sondern auch Traditionen, Geschichten und Lebensrealitäten.

In der Kleinstadt verlor ich die Kontakte zu den vietnamesischen Freund*innen meiner Kindheit und damit auch die Möglichkeit, mich mit Menschen auszutauschen, die das Gleiche erlebten wie ich. Wenn Erfahrungen nicht geteilt werden, bleiben sie unsichtbar. Unsichtbar blieb ich auch, als die Jungs anfingen, Liebesbriefe zu schreiben, die an Lenas und Marias, aber nie an mich gingen. Niemand wollte romantische Gefühle für »schlitzäugige Hundefleischesser*innen« bekunden, und ich konnte es sogar nachvollziehen. Wann sahen Prinzessinnen oder die Mädchen aus der *Bravo*, die als hübsch bezeichnet wurden, mal aus wie ich? Ich kann mich an keine einzige Person erinnern. Internalisierter Rassismus bedeutet, dass man sich selbst so sehr mit den Fremdzuschreibungen identifiziert, dass es einem unbewusst schlüssig vorkommt, negativ von Rassismus betroffen zu sein. Ich konnte nachvollziehen, warum ich nicht als attraktiv empfunden wurde, weil ich selbst auch nur Menschen schön fand, die nicht ostasiatisch aussahen. Ich fand sogar die eine Frau mit ostasiatischen Wurzeln in der Girlband, mit der ich mich hätte identifizieren können, nicht am tollsten, sondern die Leadsängerin mit den langen blonden Haaren.

Unsichtbarkeit ist Teil der Rassismuserfahrungen von Menschen mit vermeintlich ost- beziehungsweise südostasiatischen Wurzeln. Mit meiner Mutter konnte ich nicht darüber reden. Sie verstand nicht, warum ich nicht darüber hinwegsehen konnte, schließlich ginge es doch einfach nur darum, gut in der Schule zu sein, um akzeptiert und gemocht zu werden. Die Idee, dass unsere Existenzberechtigung an Bedingungen geknüpft ist, begleitete uns seit unserer Ankunft in Deutschland. Den daraus abgeleiteten Leistungsgedanken zu hinterfragen, war für meine Mutter undenkbar, und die Furcht davor, negativ aufzufallen, enorm groß. Ihr wurde in Deutschland nie eine Stimme gegeben, also hat sie auch nie in Betracht gezogen, eine einzufordern. So teilte ich meine Erfahrungen nicht mehr mit ihr und fühlte mich innerhalb unserer Familie immer einsamer. Außerdem wollte ich den Status quo nicht hinterfragen und erneut zur Zielscheibe werden.

Ich fühlte mich selbst unter Freund*innen einsam. Sie machten unbedarfte Witze über die Essgewohnheiten meiner Familie, imitierten vermeintlich *asiatische* Laute, um mich danach zu fragen, ob sie zufällig ein vietnamesisches Wort gesagt hätten. Ich lachte nur matt darüber und wehrte mich nie dagegen. Sie wollten mir schließlich nicht wehtun, sie waren ja meine Freund*innen und mir wichtig. Immer wieder fand ich entschuldigende Gründe für das Verhalten anderer, um mich selbst zu schützen. Mit dieser Strategie kam ich durch die Schulzeit und gehörte in den höheren Klassenstufen auch nicht mehr zu den unbeliebtesten Personen.

»Für mich bist du deutsch« war damals das größte Kompliment, das man mir hätte machen können – die Bestätigung, zugehörig zu sein, nicht mehr anders. Natürlich war ich anders, und mit dieser Aussage wurden lediglich meine Diskriminierungserfahrungen übergangen. In meiner jugendlichen Naivität war mir das jedoch alles andere als bewusst. Niemand kannte die strukturellen Probleme, mit denen ich mich zu Hause beschäftigen musste. Niemand wusste, wie arm wir waren und wie oft unser Kühlschrank leer war. Sie wussten nicht, dass wir für jede neue Anschaffung, selbst wenn es nur Schuhe waren, einen Antrag bei der Ausländerbehörde stellen mussten. Selbst meine engsten Freund*innen wussten nicht, dass ich bis zu meinem sechzehnten Lebensjahr alle drei Monate mit meiner Familie zur Ausländerbehörde musste, um unsere Duldung zu verlängern. Bis heute sind die Zustände in den Ausländerbehörden nicht tragbar.

Anfang 2023 berichtet die *Hessenschau* über die chaotische Lage in Darmstadt:[2] Betroffene müssen frühmorgens in der Kälte anstehen, um eine Wartenummer zu ziehen. Bis sie am vereinbarten Tag tatsächlich an der Reihe sind, können trotz Termin schon mal mehrere Stunden vergehen. Zudem werden Antragsstellende nach wie vor schlecht behandelt. »Manche Menschen dort sind respektlos. Sie reden mit mir nicht wie mit einem Menschen, eher wie mit einem Hund«, erzählt eine betroffene Person in der Warteschlange. Es fehlt an Transparenz und Kommunikation auf Augenhöhe; die Folgen für Betroffene sind existenziell. Sie »berichten von Stimmungsschwankungen, Schlafstörungen sowie körperlicher und geistiger Erschöpfung. Bei dem Versuch, Einlass in die Festung zu erhalten, sind manche krank geworden. Einige haben bereits aufgegeben und Darmstadt verlassen, andere planen diesen Schritt. Familienangehörigen und Verwandten in der Heimat raten sie, gar nicht erst nach Darmstadt zu kommen. Allesamt fühlen sie sich von der Stadt nicht ernst genommen und nicht respektiert – und somit auch nicht willkommen«, beschreibt die *Hessenschau* die Situation.

An unserer Schule gab es einen jährlichen Austausch mit einer Schule in Polen. Daran durften alle teilnehmen, die Mitglieder des Schulchores waren. Ich habe schon immer gern gesungen und war in der siebten Klasse das erste Mal gemeinsam mit meinen engen Freund*innen im Chor. Als die Fahrt nach Polen anstand, wollte ich natürlich mit. Zugleich wusste ich, dass ich mit einer Duldung nicht einfach so das Land verlassen konnte. Ich durfte ja nicht einmal in ein anderes Bundesland reisen, ohne vorher einen Antrag zu stellen. Jedes Jahr bangte ich, ob ich eine Genehmigung von der Ausländerbehörde erhalten würde, und an der Grenze hoffte ich, von den Zollbeamt*innen nicht zurückgeschickt zu werden. Das Gleiche galt für unsere Klassenfahrt nach London.

Doch nicht nur die behördlichen Sorgen waren Teil meiner Schulzeit. Dazu kamen noch die finanziellen. Um eine Klassenfahrt mitzumachen, mussten wir jedes Mal die Finanzierung beantragen. Mit der Sozialhilfe, die wir mit geduldetem Status erhielten, konnte gerade mal der grundlegende Bedarf an Lebensmitteln und Fixkosten gedeckt werden. Selbst für Kleidung oder Schulmaterialien war nicht immer etwas übrig. Meine Scham darüber war zuweilen unerträglich. Wenn alle ihre Kinderpässe oder Personalausweise vorzeigten, versuchte ich meine Duldung, die auf Papier gedruckt war, zu verstecken. Wie zynisch, dass ich immer uns selbst die Schuld gab. Während meine Freund*innen und Mitschüler*innen sich darüber Gedanken machten, wohin sie in den Sommerferien fahren und was sie in ihre Koffer packen würden, machte ich mir Sorgen über unser Bleiberecht und unsere finanzielle Situation. Die Grenze zwischen Kindheit und Erwachsensein war für mich schon immer sehr verschwommen.

Wegen des fehlenden Bleiberechts stand unser Leben gezwungenermaßen still. Viele Jahre, in denen wir uns etwas hätten aufbauen können, gingen verloren, weil wir nichts durften. Ohne Arbeitserlaubnis war es meiner Mutter nie möglich, sich beruflich zu entwickeln und so für finanzielle Sicherheit zu sorgen. Für mich kam es schon aus finanziellen Gründen nicht infrage, nach dem Abitur für ein Jahr ins Ausland zu gehen wie so viele Mitschüler*innen. Inzwischen hatten wir zwar eine Aufenthaltsgenehmigung, doch wie sollten wir die vergangenen fünfzehn Jahre aufholen? Das Studium finanzierte ich mir mit drei verschiedenen Nebenjobs neben dem BAföG.

Prekäre Lebensverhältnisse wie Armut und Gewalterfahrungen betreffen natürlich nicht nur migrantisierte Menschen. Die Gründe, weshalb viele ehemalige Vertragsarbeiter*innen und andere Asylsuchende darunter leiden, sind jedoch spezifisch. Fehlendes Bleiberecht und Arbeitserlaubnisse, ungenügende Kommunikation wichtiger Informationen und struktureller Rassismus waren und sind maßgebliche Barrieren für ein selbstbestimmtes Leben. Hinzu kommt rassistische Diskriminierung auf dem Arbeitsmarkt. Laut dem Statistischen Bundesamt war im Jahr 2015 die Herkunft der zweithäufigste angezeigte Grund für Benachteiligungen am Arbeitsplatz.[3] Es dürfte weitaus mehr nicht angezeigte Fälle geben. Das betrifft nach wie vor viele Menschen, die in Deutschland leben mit generationsübergreifenden Folgen.

Die Auswirkungen sind nicht nur materieller Natur.

Permanente Existenzängste führten bei mir dazu, dass ich Entscheidungen vor allem danach traf, welches Ergebnis mir am finanziell sichersten erschien. Sie prägen mich bis heute. Alles war für mich eine Frage der Existenzsicherung, sie beeinflusste all meine Lebensentscheidungen maßgeblich. Wünschen und Träumen nachzugehen, konnte ich mir lange Zeit nicht vorstellen, wenn sie nicht dazu führten, mir ein gesichertes Leben zu garantieren. Vernunftentscheidungen sind nicht per se schlecht, aber ich hatte das Gefühl, dass es nahezu keine Alternative für mich gab. Ich war bis dahin die meiste Zeit fremdbestimmt.

Es ist 2020. Ich sitze auf dem Sofa in meiner Wohnung zwischen all den liebevoll eingerichteten Möbeln, während ich an meinem schon ziemlich vollen Lebenslauf herumbastele. Ich lese mir Jahr für Jahr, Studium für Studium, Praktikum für Praktikum, Job für Job und meine Auslandsaufenthalte durch und frage mich: Wie viel davon bin überhaupt ich? Wie viel davon sind Erwartungen meiner Familie? Wie viel davon waren reine Vernunftentscheidungen, und wofür brenne ich eigentlich?

Dann zieht es mir den Boden unter den Füßen weg. Fuck, wofür? Es gab sicher eine Zeit, in der ich Träume hatte. Damit meine ich Träume, die rein waren, ohne Sicherheitsnetze und Alternativen mitzudenken. Aber ich kann mich nicht mehr an sie erinnern. Denn meine ersten

Erinnerungen beginnen mit dem Gefühl der Verantwortung. Die trage ich so lange mit mir, dass man mir die Last vielleicht schon an den Schultern ansieht, die sich unablässig tapfer aufrichten. Ich musste immer stark sein. Ich schlitterte oft am »Schwachsein« vorbei. Einmal, als ich trotz eingeschriebenen Studiums doch einfach mal in der Aufnahmeprüfung für das Musikstudium saß. Oder als ich kurz davor war, ein Semester zu pausieren, um Musik zu machen und zu schreiben.

Oder als ich gezögert habe, diesen einen Job anzunehmen.

Doch jedes Mal stand ich nur kurz davor, denn die Vernunft siegte unablässig, denn sie ließ mich glauben, dass sich ausprobieren etwas mit Schwäche zu tun hätte. Also entschied ich mich dafür, ein vernünftiges Fach zu studieren, diesen gut bezahlten Job anzunehmen, meine Bedürfnisse jahrelang zu missachten. So lernte ich es schließlich.

Alles ist besser, als jemals wieder Existenzängste zu haben.

Was ist los, denke ich mir. Mir geht's doch gut, ich könnte doch mal stolz auf mich sein.

Die Wahrheit ist, alle sind es, außer mir selbst.

Was sie aber nicht sehen, sind meine verpassten Chancen. All die Dinge, gegen die ich mich entschieden habe. Was sie nicht sehen, ist, dass ich in ein tiefes Loch der Vernunft gefallen bin und nie herausfinden konnte, wofür ich brenne.

Und diese Erkenntnis tut in diesem Moment so weh,

dass ich am liebsten meinen ganzen tabellarischen Lebenslauf löschen möchte, als könnte das jemals etwas ändern.

Die Lebensentscheidungen, die mich an diesen Punkt gebracht haben, waren nicht nur mit Nachteilen verbunden. Ich konnte mehrmals ins Ausland gehen und dort wichtige Erfahrungen sammeln, die mich ermutigten, schrittweise meinen eigenen Weg zu gehen. Als ich 2016 während eines Auslandssemesters in Kanada war, erlebte ich zum ersten Mal in meinem Leben, wie es sich anfühlt, zur Gesellschaft dazuzugehören und keine »Fremde« zu sein. Ich weiß noch, wie sehr es mich verwunderte, überall ganz selbstverständlich für eine Kanadierin gehalten zu werden. Ich erlebte in meinem Alltag so gut wie keine Mikroaggressionen. Erst in ihrer Abwesenheit realisierte ich, von wie viel alltäglicher Diskriminierung mein Leben durchzogen war und wie schwer diese Last wog. Der Unterschied zu meiner Lebensrealität in Deutschland war so immens, dass ich mich nach dieser Zeit das erste Mal mit dem Rassismus, der sich gegen mich richtete, auseinandersetzte.

Mein Weg zur deutschen Staatsbürgerin war sehr lang. Ich hatte mein ganzes Leben seit unserer Flucht in Deutschland verbracht, mein Abitur und zu dem Zeitpunkt bereits einen Bachelor abgeschlossen. Dennoch musste ich erneut beweisen, dass ich dem Staat künftig nicht zur Last fallen würde, und offenlegen, was ich die vergangenen Jahre in Deutschland gemacht hatte, wo ich wohnte und mit wem. Gleichzeitig musste ich meine vietnamesische Staatsbürgerschaft aufgeben. Die Verdrängung meiner vietnamesischen Wurzeln sollte also nun auch amtlich besiegelt werden. Es war seltsam zu wissen, dass ich jetzt zwar in Deutschland formal dazugehörte, jedoch in meinem Herkunftsland offiziell eine Fremde war.

Mit der Einbürgerung hatte ich auch das Wahlrecht erlangt und konnte mich zum ersten Mal in meinem Leben politisch beteiligen. Derzeit leben knapp zehn Millionen Erwachsene in Deutschland, die dieses Privileg, das ein Grundrecht sein sollte, nicht genießen.[4] Keine Stimme zu haben, bedeutet auch, das Land, in dem man lebt, arbeitet und Steuern zahlt, nicht mitgestalten zu dürfen. Ohne Staatsbürgerschaft und als Staatsangehörige*r eines sogenannten Drittstaats wird man auch davon ausgeschlossen, ein politisches Amt zu besetzen oder verbeamtet zu werden.

2015 war es dann endlich so weit. Die Einbürgerungsfeier war eine Farce, wenn ich darüber nachdenke, wie viel Demütigung und Sorgen mich bis dahin begleitet hatten. Als wir nun alle nacheinander auf die Bühne gerufen wurden, entstand der Eindruck, wir wären schon immer willkommen gewesen. Dabei waren wir hier nach einem unfairen Kampf gegen behördliche Hürden gelandet und standen am Anfang der Zeremonie alle auf, um gemeinsam die deutsche Nationalhymne zu singen.

Ein letzter Test, ob wir dieses Artefakt deutscher Kultur verinnerlicht hatten. Ich war dankbar für die mentale Unterstützung meiner Freund*innen, die zwei ganze Reihen im großen Saal des Rathauses füllten.

Ich war einerseits erleichtert, endlich dieses Stück Papier in meinen Händen zu halten, und andererseits wütend darüber, wie lang und wie schwer der Weg hierher gewesen war. Die Gesichter meiner Miteingebürgerten an diesem Tag spiegelten meinen Zwiespalt. Wir hatten endlich ein Privileg erlangt, das vielen Menschen in Deutschland verwehrt bleibt, obwohl sie teilweise hier geboren sind und ihr ganzes Leben hier verbracht haben. Das spielt jedoch keine Rolle, wenn sie auch nur einen Punkt auf der langen Liste der Anforderungen nicht erfüllen, sei es eine Bescheinigung aus dem Herkunftsland oder eine unbefristete Arbeitserlaubnis.

Letztlich waren wir der Willkür der Beamt*innen ausgesetzt, ganz unabhängig davon, wie oft wir vor dem Besuch der Ausländerbehörde den Antrag und die Liste durchgegangen waren. Ich wurde einmal wieder nach Hause geschickt, weil ich meinen Lebenslauf am Laptop geschrieben und ausgedruckt anstatt handschriftlich abgeben wollte. Ich musste einen neuen Termin vereinbaren und zu Hause fünf Seiten Fließtext abschreiben. Jahre später erfuhr ich, dass andere Menschen, die eingebürgert wurden, das nicht machen mussten. Diese Methoden sind unnötig und meines Erachtens reine Schikane. Die Macht einzelner Personen, über das Leben ganzer Familien zu entscheiden und dabei großen Handlungsspielraum zu haben, ist institutionalisierte Diskriminierung.

Ich frage mich, ob es für eine Stelle bei der Ausländerbehörde rassismus- und machtkritische Sensibilisierungen in Form von Weiterbildungen gibt. Denn diese sind für diese Position eigentlich unabdinglich. Die meisten der Beamt*innen, mit denen ich Kontakt hatte, konnten keine andere Sprache als Deutsch, auch kein Englisch. Für Geflüchtete und Asylsuchende, die gerade erst nach Deutschland gekommen sind, ist das eine zusätzliche Hürde, die leicht zu umgehen wäre. Die Kombination von hochbürokratisierten Abläufen einerseits und Einzelpersonen mit umfangreichen Befugnissen andererseits ist enorm problematisch. Dabei wird den Betroffenen stets suggeriert, sie hätten es selbst in der Hand. Sie müssten ja nur die Auflagen erfüllen. Gegen die Willkür der Beamt*innen aufzubegehren, stellt auch immer ein Risiko dar, denn niemand möchte in ihrer Missgunst stehen. Ich denke, unsere Familie hätte bereits Jahre vorher einen Aufenthaltstitel bekommen, hätten wir die nötigen finanziellen Möglichkeiten für rechtlichen Beistand gehabt. Ich hatte einen Kampf gegen Windmühlen hinter mir, und nun stand ich in diesem Saal und hielt meine Einbürgerungsurkunde in der Hand.

Als ich den Antrag ursprünglich gestellt habe, lebte ich noch in Deutschland, als er endlich bewilligt wurde, zog ich bereits für mein Masterstudium in die Schweiz. Dort waren die alltäglichen Diskriminierungserfahrungen noch präsenter als in der deutschen Kleinstadt. Direkt am Vierwaldstättersee gelegen und mit dem Pilatus als Hausberg war mein Wohnort Luzern eine touristische Attraktion. Viele Reisegruppen kamen in Bussen und belagerten die Innenstadt. Vorwiegend waren es Tourist*innen aus China, Japan oder Südkorea. Als ich an meinem ersten Tag das Unigebäude betrat, wurde ich direkt auf Englisch mit den Worten begrüßt, dass es keine öffentliche Toilette gebe. Ich sah wahrscheinlich etwas orientierungslos aus, weil ich den Raum suchte, in dem ich mich immatrikulieren könnte, aber damit hatte ich nicht gerechnet. Ich wurde – nicht zum letzten Mal – für eine Touristin gehalten.

Ich wurde nicht als deutsche Studentin mit vietnamesischen Wurzeln gesehen, sondern als Teil einer Reisegruppe – ohne jegliche Individualität. Wenn ich Geschäfte betrat, wurde ich als potenziell wohlhabende Touristin begrüßt. Wenn man bedenkt, dass in der Schweiz eine Nacht im Hotel circa dreihundert Schweizer Franken kostet, ist es selbst für europäische Tourist*innen ein eher luxuriöses Reiseziel. An meiner Uni gab es kaum Studierende mit ostasiatischen Wurzeln, und so blieb ich auch da vorwiegend unter mehrheitlich *weißen* Schweizer*innen. Eine einzige Freundin und Kommilitonin hatte ebenfalls vietnamesische Wurzeln. Ihre Eltern waren *Boat People*, was meinen Blick für eine weitere Lebensrealität öffnete, die meiner zwar ähnlich, aber zugleich ganz anders war.

Während des Studiums der Politikwissenschaften und Soziologie wollte ich ein Praktikum machen und bewarb mich bei verschiedenen Arbeitgeber*innen. In der Schweiz waren die Praktika in der Privatwirtschaft meistens gut bezahlt, und da ich für das Masterstudium nur zwei der vier Semester BAföG erhielt, erhoffte ich mir, meinen Lebensunterhalt mit dem Praktikum finanzieren zu können. Als ich nach einem langen Bewerbungsverfahren eine Zusage für ein gut bezahltes Praktikum bekam, konnte ich mein Glück kaum fassen. Kurz vor Vertragsabschluss rief mich allerdings die Mitarbeiterin der Personalabteilung an und teilte mir mit, dass in meiner Aufenthaltsbewilligung eine Klausel steht, nach der ich neben dem Studium maximal zwanzig Prozent arbeiten dürfe. Es wäre aber eine achtzigprozentige Stelle gewesen. Diese Klausel galt, weil ich damals noch die vietnamesische Staatsbürgerschaft besaß und somit Drittstaatsangehörige war. Jegliche Versuche, diese Klausel streichen zu lassen, scheiterten, und so konnte ich das Praktikum nicht antreten. Mein Studium konnte ich glücklicherweise dank finanzieller Hilfe von Familie und Freund*innen weiterführen, aber die Möglichkeit, berufliche Erfahrungen zu sammeln, blieb mir in der Schweiz bis zum Erhalt der deutschen Staatsbürgerschaft verwehrt. Ohne private finanzielle Unterstützung und mit einer zwanzigprozentigen Stelle hätte ich mir meinen Lebensunterhalt in der Schweiz nicht leisten können und das Masterstudium abbrechen müssen. Auch so wurden mir große Steine in meinen beruflichen Weg gelegt.

Im Kontext eines Uniseminars nahm ich an einer Forschungsreise nach Yunnan teil, einer Provinz im Südwesten Chinas. Gemeinsam mit einigen Freundinnen beschloss ich, ein paar Tage vorher anzureisen und einen Zwischenstopp in Hongkong einzulegen. Für den Aufenthalt in China beantragte ich gemeinsam mit meiner Freundin, die ebenfalls vietnamesische Wurzeln hat, ein Visum bei der chinesischen Botschaft. Am Flughafen in Hongkong wurde mir dann jedoch als einziger die Einreise verwehrt. Ich stand allein da und durfte weder rein noch raus. Die Freundinnen, mit denen ich unterwegs war, hatten es bereits durch den Zoll geschafft, während ich mich wie eine Kriminelle fühlte. Das Problem war so offensichtlich wie banal: Mit einem vietnamesischen Pass durfte ich nicht ohne Visum nach Hongkong einreisen. Ich hatte schlichtweg nicht daran gedacht, weil meine vietnamesische Freundin kein zusätzliches Visum beantragen musste. Was uns unterschied, waren natürlich unsere Staatsbürgerschaften, sie hatte die deutsche.

Mir standen also zwei Optionen zur Verfügung: Entweder flog ich direkt wieder zurück nach Deutschland oder weiter nach China. Ich wählte Letzteres und fand mich in Kunming wieder, einer Stadt mit mehreren Millionen Einwohner*innen, in der niemand Englisch sprach. Dem Taxifahrer konnte ich nur mithilfe meines Reiseführers, auf dem hinten im Klappentext das Wort »Hotel« auf Mandarin stand, mitteilen, dass ich nach einem Hotel suchte. Stunden später lag ich im Bett des

Hotels und fühlte mich so verloren und allein wie selten. Wie viel die deutsche Staatsbürgerschaft, ein Stück Papier, wert sein kann, wissen wohl nur Menschen, die lange und hart darum kämpfen müssen, sie zu erhalten. Dabei ist es doch reines Glück, in welches Land man hineingeboren wird.

Wie sahen unsere finanziellen Möglichkeiten tatsächlich aus? Aufgrund der fehlenden Arbeitserlaubnis waren wir auf Sozialhilfe nach dem Asylbewerberleistungsgesetz angewiesen. Wir hatten viele Jahre nur etwa dreihundert Euro pro Person monatlich, um unser Leben zu finanzieren. Bis heute hat sich kaum etwas daran geändert.[5] In Armutsdebatten werden Asylsuchende ausgeschlossen, denn viele Reformen und politische Maßnahmen, wie beispielsweise die Debatte rund um das Bürgergeld, beziehen Menschen mit Duldung nicht mit ein. Jede Form von Mehrkosten, wie ein Umzug oder Schulmaterialien, musste entweder zusätzlich beantragt oder eben von dem erhaltenen Geld finanziert werden. In den meisten Fällen wurde nicht der komplette Betrag, sondern nur eine Zuzahlung bewilligt.

Jedes neue Schuljahr bereitete mir also Bauchschmerzen. Wenn wir im Schreibwarengeschäft standen, um neue Buchumschläge, Schreibhefte und Stifte zu kaufen, wusste ich, wie sehr meine Mutter haderte. Sie wollte nicht, dass es uns an etwas fehlte, und insbesondere wollte sie nicht, dass wir aufgrund mangelhafter Ausstattung Nachteile in der Schule hatten. Zugleich wollte ich nicht, dass sie ein schlechtes Gewissen für etwas hatte, worauf sie keinen Einfluss nehmen konnte, und ich gab mich immer mit dem zufrieden, was ich bekam. Als Kind, und vor allem als Jugendliche, war es natürlich dennoch nicht leicht, damit umzugehen, dass ich den anderen in so vielen Hinsichten unterlegen war. Es ging mir nicht nur um die neuesten und schicksten Sachen, die ich nicht haben konnte.

Es war die Summe der Differenzen zwischen mir und meinen Freund*innen und Mitschüler*innen. Es war mein Anderssein, das sich auf vielen Ebenen aufaddierte. Die Differenz, die mein Leben eigentlich auch in vielerlei Hinsicht bereicherte, konnte ich damals nicht erkennen. Ich schaute durch eine sehr defizitäre Brille, die mir die Gesellschaft aufsetzte. Ich mache meinem jüngeren Ich keinen Vorwurf, denn es waren und sind nach wie vor politische Rahmenbedingungen, die Differenzen als Defizite einordnen. Dabei ist es so wertvoll, dass ich zwei Sprachen fließend sprechen darf und es zwei Länder auf dieser Welt gibt, mit denen ich emotional verbunden bin. Manchmal wünschte ich mir natürlich, dass ich die Komplexität des Lebens auf eine sanftere Art erfahren hätte. Kinder werden in diesem System weniger als der Rest der Gesellschaft geschützt, und ihre Geschichten werden selten erzählt. So auch meine. Ich war die personifizierte Unsichtbarkeit. Alles war besser, als aufzufallen, denn dann hätten die anderen gemerkt, wie meine Lebensrealität tatsächlich aussah. Meine weinende Mutter, die nächtelang nicht schlafen konnte, weil sie von ihren Sorgen erdrückt wurde. Mein Vater, der inzwischen ein bekannter Drogendealer der Stadt war und von unserer Wohnungstür aus kleine Päckchen Heroin verkaufte.

Ich war in der zehnten Klasse und es war Abschlussball unseres Tanzkurses. Ich trug ein knielanges rotes Kleid, das ich mir in einem Geschäft ausgeliehen hatte. Es hatte Stufen und bestand aus einem satinähnlichen Stoff. Ich machte mir locker fallende Wellen in die Haare und schminkte mich, wie es in den Zeitschriften gezeigt wurde. Natürlich waren die Models *weiß* und blond, und blauer Lidschatten sah an mir etwas fehl am Platz aus, aber heute wollte ich mich besonders fühlen. Ich verabredete mich mit meiner besten Freundin, deren Eltern uns fuhren. Eltern und Geschwister waren auch eingeladen, aber meine Mutter scheute sich vor solchen Veranstaltungen und blieb zu Hause. Das war okay für mich, ich hätte mich ohnehin nicht um sie kümmern können, und sie allein am Tisch sitzen zu sehen, hätte mir den Abend verdorben. Um zur Wohnung meiner Freundin zu kommen, musste ich durch eine kleine Unterführung, und als ich hineinbog, prangte ein frisches Graffiti an der Wand. Ich kannte diese Unterführung in- und auswendig, denn ich durchquerte sie täglich. Auf der rechten Seite stand in großen Druckbuchstaben: »Vorsicht, asiatischer Drogendealer!« Meine Vorfreude, all die Leichtigkeit, die ich zuvor noch gespürt hatte, war mit einem Schlag so fern, dass ich mir nicht einmal vorstellen konnte, was all das noch mal war. Mir wurde schlecht, und ich lief mit diesem Gefühl zu meiner Freundin. Während der ganzen Veranstaltung setzte ich ein Lächeln auf, aber wünschte mir, dass der Abend schnell vorbeigehen würde.

Mein Vater war kein böser Mensch. Da er selbst drogenabhängig war und wir kein Geld besaßen, finanzierte er seinen Konsum, indem er in kleinen Mengen dealte. Als Kind gewöhnt man sich schnell an gegebene Lebensumstände. Ich vergaß oft, was mein Vater da eigentlich tat und welcher Gefahr er unsere Familie aussetzte. Manchmal kommen mir bestimmte Situationen in den Sinn, an die ich mich bis ins kleinste Detail erinnern kann. Meine wütende Mutter, die meinem Vater das Päckchen Heroin aus der Hand schlug und es so über unseren ganzen Teppich verteilte. Der Klang des Staubsaugers, der alles entfernen sollte.

Was ein Staubsauger jedoch nicht ungeschehen machen konnte, war meine kindliche Angst, etwas Schlimmes könnte passieren. Niemals werde ich eine Frau vergessen, die fast täglich vor unserer Tür stand. Sie kam nie allein, sondern mit ihrer kleinen Tochter auf den Schultern und flehte meinen Vater an, ihr ausnahmsweise etwas Drogen zu geben. Sie werde ihm das Geld später geben, versprach sie jedes Mal verzweifelt. Ich kann mich an keine Situation erinnern, in der ihre Tochter jemals etwas gesagt, gebrabbelt oder geweint hätte. Sie war einfach da und saß ruhig auf den Schultern ihrer Mutter. Kinder gewöhnen sich so schnell an ihre Lebensumstände, und sie fühlen sich sicher, wenn sie bei ihrer

Bezugsperson sind. Als mein Vater mit dem Dealen aufhörte, sah ich sie nie wieder. Ich denke oft an die beiden und frage mich, wie es ihnen heute wohl geht. Der Gedanke an dieses Kind schmerzt mich mehr als der Gedanke daran, dass mein Bruder und ich ebenfalls diese Kinder waren, die verstummt waren und von der Gesellschaft vergessen wurden.

5

MYTHOS DER VORZEIGE-MINDERHEIT UND FLEISSIGEN ARBEITER*INNEN

Während meines Bachelorstudiums bewarb ich mich um einen Nebenjob als Kellnerin in einem Café. Mein damaliger Chef führte das Bewerbungsgespräch, und das Erste, was er zu mir sagte, war, dass er früher eine chinesische Mitarbeiterin hatte, die so fleißig war wie alle seine anderen Mitarbeitenden zusammen. Das müsse an der »*asiatischen*« Kultur liegen, meinte er. Deswegen war er froh, dass ich mich auf die Stelle bewarb, denn schließlich war ich ja auch »Asiatin«.

Ich sagte ihm nicht, dass ich vietnamesische Wurzeln habe und Vietnam ein anderes Land als China ist. Ich erwähnte ebenfalls nicht, dass nicht alle *Asiat*innen* gleich sind. Stattdessen bestätigte ich seine Aussagen und bekam den Job. Damals konnte ich nicht einordnen, was in diesem Gespräch eigentlich passiert war: Ich war froh, den Job zu haben, hatte aber gleichzeitig ein schlechtes Gewissen, weil es sich so anfühlte, als hätte ich die Stelle nur durch Lügen bekommen. Außerdem fühlte ich mich unter Druck gesetzt und unwohl in der Position, in die ich hineingeraten war. Ich schätze mich nicht als überragend fleißig ein, wurde jedoch mit der Erwartung eingestellt, mindestens so gut zu sein wie die ehemalige Mitarbeiterin mit chinesischen Wurzeln. Der Ruf der sogenannten Vorzeigeminderheit eilte mir voraus, und noch bevor ich mich dagegen wehren konnte, wurde ich davon überrumpelt. Ich befand mich in einer Situation, in der ungleiche Machtverhältnisse meinen Handlungsspielraum immens eingeschränkt hatten. Mit einem *weißen* Mann, der zudem auch mein potenzieller Vorgesetzter war und darüber entscheiden konnte, ob ich einen Job erhielt oder nicht, hätte ich nun wirklich keine Diskussion über Rassismus führen wollen, selbst wenn ich sein Verhalten bereits als anti-*asiatischen* Rassismus eingeordnet hätte.

Mein Vorstellungsgespräch steht exemplarisch für positiven Rassismus; ein wichtiger Pfeiler des anti-*asiatischen* Rassismus ist der Mythos der Vorzeigeminderheit. Stereotype über *asiatisch* gelesene Menschen klingen oft erst einmal gut:

»Asiat*innen sind gut in der Schule.«

»Asiat*innen sind gut in Mathe.«

»Asiat*innen sind fleißig und höflich.«

»Asiat*innen sind gut integriert.«

Warum sollten wir es schlimm finden, als fleißig und höflich bezeichnet zu werden? Bin ich gut in Mathe und eine unauffällige Person, dann entsprechen diese Zuschreibungen meiner Realität. Doch nicht alle, die vermeintlich so aussehen wie ich, haben diese Eigenschaften. Positiver Rassismus ist eine Form des Rassismus, bei der Betroffene mit vermeintlich positiven Eigenschaften stereotypisiert werden. Die Bezeichnung »positiv« ist dabei missverständlich und bedeutet, dass hinter den Zuschreibungen etwas gern Gesehenes und Vorteilhaftes steht und das Potenzial für Diskriminierung deshalb auf den ersten Blick nicht erkannt wird. Näher an das Problem bringt uns die Frage, warum sich viele Betroffene dem Klischee entsprechend verhalten.

In meinem ersten Zeugnis stand, ich sei fleißig, höflich und hätte mich super integriert. Ganz selbstverständlich wurden diese Eigenschaften mit einem Willen zur Integration gleichgesetzt. Doch es wurde nicht hinterfragt, warum ich mich so verhielt: Ich wollte als Grundschülerin ohne Sprachkenntnisse und ohne vorausgesetztes Wissen dennoch dazugehören. Dass ich mich aus Angst davor, etwas Falsches zu sagen, zurückhielt, wurde als höflich wahrgenommen. Dass ich mehr lernen musste, um mitzukommen und meine schwierigeren Startbedingungen auszugleichen, wurde als Fleiß verstanden. Dabei hatte ich keine andere Wahl, als die Erwartungen zu erfüllen. Denn das bedeutete weniger Ausgrenzung oder Anfeindungen und stattdessen Anerkennung. Doch die Kosten dafür waren hoch. Ich litt unter der enormen psychischen Belastung und einem geringen Selbstwertgefühl, das daher rührte, dass ich mich ständig unterordnete und meine Persönlichkeit versteckte.

»Viele Kinder können nicht ausreichend lesen und schreiben«, titelte die *Süddeutsche Zeitung* im Dezember 2021.[1] Auch auf *spektrum.de* heißt es: »Alarmierend viele Kinder können nicht richtig lesen«.[2] Warum Kinder nicht gut lesen können, hängt von verschiedenen Faktoren ab, die Herkunft der Eltern ist nur einer davon. Dennoch ist die Assoziation zwischen einem sogenannten Migrationshintergrund und der Lernkompetenz omnipräsent. In Integrationsdebatten wird Bildung immer wieder hochgehalten. Sie sei der Schlüssel zu einer »gelungenen Integration«. Migrantisierte Menschen müssten lediglich gut in der Schule sein, die deutsche Sprache perfekt beherrschen und im besten Falle auch »deutsch« sozialisiert sein, also vermeintlich deutsche Traditionen leben, um in Deutschland angenommen zu werden. So gibt es in regelmäßigen Abständen Debatten über die vermeintliche »Integrierbarkeit« migrantischer Kinder.

Der dahinterstehende Integrationsbegriff ist mehr als kritisch zu betrachten. Soziolog*innen wie Niklas Luhmann und Rudolf Stichweh verwenden eher den Begriff Inklusion. Während *Integration* eine Bringschuld, eine Assimilation migrantischer Menschen fordert, meint Inklusion, dass die Strukturen darauf ausgerichtet werden müssen, dass die Menschen in die Gesellschaft eingebunden werden können, anstatt dass sich Menschen an Strukturen anpassen müssen. Dennoch eint diese Begriffe die Vorstellung, dass Menschen in unserer Gesellschaft binär eingeteilt werden: in diejenigen, die integriert beziehungsweise inkludiert werden müssen, und diejenigen, die die Norm bestimmen und zur vermeintlichen Mehrheit gehören. Das Ziel sowohl bei einer Integration als auch bei der Inklusion ist es, gesellschaftliche Minderheiten so weit wie möglich mit der Mehrheit in Harmonie zu bringen.

Dahinter steht vor allem eine kapitalistische Logik. Denn inkludierte Menschen bedeuten weniger finanzielle Lasten für die Gesellschaft, was natürlich die Frage aufwirft: Auf wessen Kosten? Wer verliert dabei und wer gewinnt? Integration ist weniger aufwendig und schadet dem Kapitalismus weniger als ernst gemeinte Inklusion: Eine migrantische Person ein Sprachzertifikat machen sowie Sprachkurse anbieten zu lassen, ist günstiger und mit weniger Aufwand verbunden, als Institutionen wie Schulen, Ämter oder Krankenhäuser mehrsprachig auszustatten. Weniger »Störfaktoren« werden von der Mehrheitsgesellschaft gutgeheißen. Durch Assimilation der Minderheit müssen Menschen, die der Mehrheit angehören, ihre Privilegien nicht hinterfragen. Im wissenschaftlichen, aber auch gesellschaftlichen Diskurs wurden vietnamesische beziehungsweise analog dazu *asiatisch* markierte Migrant*innen immer gern als »Bildungsaufsteiger*innen« und »Vorzeigemigrant*innen« bezeichnet. Wir werden zu denjenigen stilisiert, die einen guten Willen haben, sich ohne großen Widerstand zu assimilieren und nicht negativ aufzufallen. Als ich für meine Masterarbeit zur vietnamesischen Diaspora recherchierte, begegneten mir unzählige Zeitungsartikel sowie wissenschaftliche Arbeiten, die das Narrativ der vietnamesischen Bildungsaufsteiger*innen thematisierten[3]. Nicht selten wird der Bildungsaufstieg der Vietnames*innen hervorgehoben, als sei Fleiß eine angeborene Eigenschaft. Diese Essenzialisierung findet nicht nur bei Vietnames*innen, sondern generell bei *asiatisch* markierten Personen statt.

Die Homogenisierung einer ganzen Gruppe aufgrund ihrer vermeintlichen Herkunft und sie in »gut« oder »schlecht« zu hierarchisieren ist Teil des Machtgefälles zwischen *weißen* und nicht *weißen* Menschen. Denn für eine sogenannte »Vorzeigeminderheit« braucht es gleichzeitig eine nicht-so-vorzeigbare Minderheit, gegenüber der die erste Gruppe abgegrenzt wird. Wann ist eine Gruppe vorzeigbar und wann nicht? Das kann im jeweiligen gesellschaftlichen und historischen Kontext betrachtet werden. Der Stereotyp der Vorzeigeminderheit findet seine Anfänge in den USA. Diese Konstruktion war ein Mittel, um Schwarze Bürgerrechtsbewegungen zu untergraben und zugleich kapitalistische Werte durchzusetzen. Der Mythos der »fleißigen Arbeiter*innen« bestärkte die Grundsätze des Neoliberalismus – man könne alles schaffen, wenn man nur genug arbeite, selbst wenn man migrantisch ist. Eine Gruppe, die also aufgrund ihrer Herkunft vermeintlich defizitär ist, könne es mit Bemühungen schaffen, dies auszugleichen.

Die Bezeichnung Vorzeigeminderheit, *Model Mino-*

rity, wurde 1966 erstmals von dem US-amerikanischen Soziologen William Petersen in Bezug auf Japaner*innen verwendet, die in den USA anfänglich »schlimmster Diskriminierung« ausgesetzt waren und sich jetzt zu einer »erfolgreichen Minderheit mit starken familiären Werten« entwickelt hätten. Eine ähnliche Wahrnehmung beschreibt der Kolumnist John J. Reddins 1970 in der *Seattle Times*: »Unsere japanisch-amerikanischen Einwohner gehören zu den besten Bürgern der Stadt. Sie sind fleißig und höflich, haben eine angeborene Zuneigung und Respekt für Familie und Freunde […], und wir alle könnten von ihnen ein oder zwei Lektionen in guten Manieren lernen!«[4] Daraufhin gab es zu Recht Kritik, denn genau diese Eigenschaften musste sich die *asiatisch*-amerikanische Community nach jahrzehntelanger Ausgrenzung und Diskriminierung aneignen, um in der Gesellschaft akzeptiert zu werden.

Sowohl in Deutschland als auch in den USA hat dies aber die gleichen perfiden Folgen: die Hierarchisierung und damit Herabsetzung migrantischer Gruppen, indem eine als »besser« gelabelt wird. Die Bewertung obliegt der Dominanzgesellschaft, und bei den Betroffenen entsteht das Gefühl, paternalistisch behandelt zu werden. Ganz nach dem Motto: Wenn ich meine Eltern zufrieden stelle, indem ich ihre Erwartungen erfülle, erhalte ich Anerkennung und Lob. Das ändert jedoch nichts an dem Umstand, dass ich nicht selbstbestimmt über mich entscheiden darf und die Deutungshoheit nicht bei mir liegt. Marginalisierte Gruppen werden durch dieses

Konkurrenzverhältnis beschäftigt gehalten, sodass sie ihre Missgunst aufeinander richten statt auf die *weiße* Vorherrschaft. Außerdem kann daraus sogar eine Abneigung gegenüber anderen migrantisierten Gruppen innerhalb der ostasiatischen Community resultieren, weil diese vermeintlich dem »Image« rassifizierter Menschen schaden. Gleichzeitig liegt auch eine Abneigung gegenüber *asiatisch* gelesenen Menschen in anderen migrantisierten Communitys vor. Auch so funktioniert internalisierter Rassismus.

Als 2015 in Deutschland die Debatte um Geflüchtete immens groß wurde, hatte meine Familie Angst, dass sich daraus Repressalien in der Asyl- und Migrationspolitik entwickeln. Impulshaft wechselten wir in einen antrainierten Überlebensmodus und versuchten, uns von den Geflüchteten abzugrenzen. Die Erinnerungen an die rigide Asylpolitik der 1990er und die damit verbundene existenzielle Angst saßen immer noch tief. Dabei sind nicht Asylsuchende, Menschen, die aus Bedrohungssituationen fliehen, eine Bedrohung für migrantisierte Menschen in Deutschland, sondern die Dominanzgesellschaft und ihre politischen Entscheidungsträger*innen. Das typische »Nach-unten-Treten« wird mit dem Mythos der Vorzeigeminderheit fortgeführt, und mal wieder hat die *weiße* Vorherrschaft eine Ablenkungsstrategie etabliert, um das Unterdrückungssystem aufrechtzuerhalten.

Die Bewertung verschiedener Minderheiten ist nicht

nur fremdbestimmt, sondern auch willkürlich. Das wird am Beispiel der sogenannten »Zigarettenmafia« klar. Plötzlich taugte das Bild der Vorzeigeminderheit nicht mehr, und vietnamesische Migrant*innen wurden als kriminelle Bande konstruiert, die nicht mehr willkommen ist und unter Generalverdacht steht. Nach der Wiedervereinigung, die insbesondere für Menschen in der ehemaligen DDR in wirtschaftlicher Hinsicht sehr schwer war, weil sie ihre Jobs verloren hatten und Bildungsgrade nicht anerkannt wurden, traf die Idee eines organisierten Verbrechens ehemaliger Vertragsarbeiter*innen auf fruchtbaren Boden. Der grassierende Unmut fand einen passenden Sündenbock. In der Folge stieg die Polizeigewalt gegen Vietnames*innen. Es wurde von Fällen berichtet, in denen Polizist*innen bewusst vermeintliche Zigarettenhändler*innen in den Wald fuhren, um sie zu misshandeln.[5] Viele dieser Opfer trauten sich damals nicht, Anzeige zu erstatten oder sich anders aufzulehnen. Diejenigen, die rechtlich dagegen vorgehen wollten, erhielten oft kein Gehör, da sich Polizist*innen gegenseitig deckten. Die fehlende unabhängige Kontrollinstanz für Polizeieinsätze ist ein andauerndes Problem. Hinzu kommen Sprachbarrieren und fehlende finanzielle Ressourcen, um sich rechtlichen Beistand und Dolmetscher*innen zur Seite zu holen.

Bis heute erleben Menschen mit vietnamesischen Wurzeln Polizeigewalt, und selten werden diese Fälle sichtbar. 2010 nahm die Polizei Berlin einen vermeintlichen vietnamesischen Zigarettenhändler fest, aber anstatt mit ihm auf eine Polizeistation zu fahren, brachten sie ihn auf einen Feldweg, wo sie auf ihn einprügelten, seinen Ausweis zerrissen und ihn schließlich verletzt liegen ließen. Nur dank eines Augenzeugens konnte dieses Verbrechen dokumentiert werden. Die Täter – zwei Bundespolizisten – wurden verurteilt, weil im Zuge des Verfahrens bewiesen wurde, dass sie über fünfzehn Monate hinweg über dreizehn mutmaßliche Zigarettenhändler*innen missbraucht und ausgeraubt hatten. Ein Opfer musste im eiskalten Winter ohne Grund die Hose ausziehen. Wie in den meisten Fällen von *Racial Profiling* gab es für die meisten Verantwortlichen keine strafrechtlichen Konsequenzen,[6] und auch medial wurde die massive Polizeigewalt gegen Vietnames*innen bis heute nicht aufgearbeitet. Nach wie vor stehen viele unter Generalverdacht, illegal Zigaretten zu verkaufen.

Die erste vietnamesische Beerdigung und einen toten Menschen habe ich auf einer Videoaufnahme gesehen, als ich etwa sieben Jahre alt war. Der Onkel meiner besten Freundin wollte einkaufen gehen und wartete vor dem Supermarkt auf einen Bekannten. Damals hatten alle in der vietnamesischen Diaspora große Angst vor der Polizei, denn die Geschichten über Missbrauch und Schikane sprachen sich natürlich herum. Plötzlich kamen zwei Menschen schnellen Schrittes auf ihn zu, und er dachte sofort, dass es Polizist*innen in Zivil sein müssten. Er wurde panisch und rannte weg. Im Lauf stolperte er eine Treppe hinunter, traf mit dem Kopf auf die Stufen und verletzte sich massiv. Nach dem Sturz stand er wohl noch auf, setzte sich seine Mütze auf und taumelte einige Schritte nach vorn, bevor er umfiel und nie wieder aufstand.

Ich durfte nicht mit auf die Beerdigung und war sehr froh darüber, denn ich hatte große Angst davor, einen toten Menschen zu sehen. Sein Kopf war so schwer verletzt, dass er selbst aufgebahrt eine Mütze trug. Familienangehörige, Freund*innen und Bekannte gingen um seine Leiche herum und weinten. Die gesamte Beisetzung wurde für die Familie in Vietnam mit einer Videokamera aufgenommen. Ich habe die Bilder gesehen, und sie lassen mich bis heute nicht los. Er wollte nur einkaufen gehen und kam nie wieder zurück.

Wenn ich mit Freund*innen und Kolleg*innen über anti-*asiatischen* Rassismus spreche, sind nach wie vor viele überrascht darüber, dass es überhaupt Rassismus gegen Vietnames*innen gibt. Rassismus wird von vielen Menschen, die selbst nicht von Rassismus betroffen sind, als etwas wahrgenommen, was allenfalls in Ausnahmefällen passiert oder nur unter Rechtsextremist*innen existiert. Selbst nach der Black-Lives-Matter-Bewegung und den rassistischen Morden in Hanau wird von Menschen der Dominanzgesellschaft Rassismus als Randphänomen angesehen. Daher ist es nicht überraschend, dass Rassismus gegen *asiatisch* markierte Menschen noch weniger präsent ist, da die damit verbundenen Vorurteile ja scheinbar allesamt positiv sind. Aber Fremdbestimmung hat viele Dimensionen, und eine Internalisierung der Zuschreibungen kann überaus belastend sein: Was von mir erwartet wurde, erwartete ich nach gewisser Zeit auch von mir selbst. Schrieb ich keine guten Noten, fühlte ich mich wie eine Versagerin.

Ein Vorfall nach einem Elternabend in der Grundschule, an dem ich wie so oft ebenfalls teilgenommen hatte, um für meine Mutter zu übersetzen, beschreibt die Situation sehr gut. Meine Grundschullehrerin kam auf uns zu, um uns ihre Sorge über eine Note mitzuteilen, die ich in Musik geschrieben hatte – ich hatte eine drei. Sie machte sich Gedanken, weil ich sonst immer so fleißig und gewissenhaft sei und fragte sich, warum es in diesem Fall so schiefgegangen sei. Es geht nicht darum, dass dieses Gespräch stattfand. Ich glaube, dass sie sich tatsächlich Sorgen gemacht hatte und mir gegenüber wohlwollend eingestellt war. Aber ihre Erwartungshaltung war mir gegenüber deutlich höher als meinen Mitschüler*innen gegenüber. Auch wenn es unbewusst war, reproduzierte sie damit exakt den strukturellen Rassismus, von dem *asiatisch* markierte Menschen betroffen sind. »Strukturell«, weil sie als Lehrerin Teil einer wichtigen Institution ist.

Ein typisches Beispiel für strukturellen Rassismus ist, dass Kinder, die erst in der Schule Deutsch lernen, weniger Gymnasialempfehlungen von Lehrkräften erhalten. Neben den reproduzierten Stereotypen hatte das Verhalten meiner Lehrerin zugleich etwas Paternalistisches, nicht nur mir, sondern auch meiner Mutter gegenüber. Die »angepasste« *asiatische* Familie braucht besondere Hilfe, wenn sie dem erwarteten Verhalten nicht entspricht. Erwartungen, die nicht erfüllt wurden, wandelten sich schnell in Enttäuschung, sodass meine Leistung als Einzige an diesem Elternabend zusätzlich thematisiert wurde. Meine Mutter konnte die Situation natürlich nicht gut einordnen, und so stand ich unter Rechtfertigungsdruck und fühlte mich unberechtigterweise schlecht. Ich machte mich verantwortlich für etwas, das aus jetziger Perspektive nicht einmal schlimm war. Fleißig, höflich, gut in der Schule – ich konnte es nicht mehr hören und hatte es doch so sehr verinnerlicht, dass Versagen zu einer Angst wurde, die sich existenziell anfühlte.

Ich konnte mein Unwohlsein mit niemandem teilen, denn positiver Rassismus wird nicht ernst genommen. Während der Schulzeit und auch in den ersten Jahren meines Studiums hatte ich ausschließlich Freund*innen, die nicht rassifiziert waren. Es gab keine Möglichkeit für mich, meine Erfahrungen und Emotionen mit ihnen zu teilen, ohne mich erklären zu müssen. Aber wie sollte ich eine Erklärung geben, nach der ich selbst noch suchte? Erklärungen, die mir damals geholfen hätten, erhielt ich erst Jahre später, nachdem ich selbst anfing, mich bewusst mit diesen Erfahrungen auseinanderzusetzen.

Es gibt Dinge, die können nicht erfüllt werden, selbst wenn man hart dafür arbeitet. So konnte ich keine Bestnoten in Mathe schreiben, denn das Fach lag mir einfach nicht. Als Jugendliche kam es immer öfter zu Auseinandersetzungen mit Lehrer*innen, was mir als Rebellion meinerseits gespiegelt wurde, obwohl ich mich lediglich anders verhielt als die auferlegten Zuschreibungen davon, wer ich in den Augen anderer sein sollte. Eine Rebellion also, die mit Selbstzweifeln und der Angst verbunden waren, alle zu enttäuschen. Die eigenen Erfahrungen abgesprochen zu bekommen gehört auch für *asiatisch* markierte Menschen zum Alltag.

Der Mythos der Vorzeigeminderheit führt auch dazu, dass die Auswirkungen von Diskriminierung und Rassismus weniger untersucht und Betroffenen teilweise wichtige Ressourcen verwehrt werden. Wenn offiziell kein Problem vorliegt, gibt es auch keine Maßnahmen dagegen. Diese Unsichtbarmachung hat reale Konsequenzen für betroffene Personen. Psychische Erkrankungen wie Depressionen, Angstzustände und auch Suizidalität werden weniger mit der Ungleichbehandlung in Zusammenhang gebracht.[7] Generell ist die Wahrscheinlichkeit geringer, dass überhaupt Hilfe in Anspruch genommen wird, wenn Rassismuserfahrungen von vornherein abgesprochen werden.

Teil einer Vorzeigeminderheit zu sein, macht einsam, denn Ausgrenzungserfahrungen werden auf das eigene Fehlverhalten geschoben, und wer spricht gern über die eigenen Unzulänglichkeiten? Wer möchte sich in den Vordergrund drängen, wenn es andere marginalisierte Gruppen vielleicht schlechter haben? Vermehrt taucht auch das Imposter-Syndrom bei *asiatisch* markierten

Menschen auf, also das Hochstaplersyndrom, bei dem Betroffene denken, sie hätten nur aus Glück und Schwindel Erfolg. Es entsteht ein Druck innerhalb der Communitys, den zugeschriebenen Eigenschaften der Vorzeigeminderheit zu entsprechen, um akzeptiert zu werden. Dabei werden Mikroaggressionen, rassistische Übergriffe bis hin zu Gewalt und Mord nicht benannt und auch statistisch nicht erfasst. Erst seit der Corona-Pandemie kommt es zu einer ernsthaften Auseinandersetzung mit anti-*asiatischem* Rassismus, und in den USA wurden inzwischen erste Studien durchgeführt.[8]

So fand eine Studie von Stop AAPI Hate heraus, dass es in den USA zwischen März 2020 und 2022 mehr als 11 400 rassistische Vorfälle gegen *asiatisch* markierte Menschen gab.[9] Diese Daten wurden anhand von selbst angezeigten Übergriffen gesammelt, die Zahl nicht erfasster Fälle dürfte also viel höher sein. Auch in Deutschland nahmen rassistische Übergriffe während der Corona-Pandemie zu. Das 2020 ins Leben gerufene antirassistische Netzwerk »Ich bin kein Virus« sammelt Erfahrungsberichte *asiatisch* markierter Menschen in Deutschland seit Beginn der Pandemie. Auf ihrer Plattform gibt es für Betroffene die Möglichkeit, ihre Rassismuserfahrungen zu teilen und damit für alle sichtbar zu machen. Die Berichte von verbalen Angriffen bis hin zu körperlicher Gewalt sind erschreckend. Eine anonyme Person berichtet dort: »In der 12. Klasse (2014) hatte ich bezüglich meiner Seminararbeit ein Feedbackgespräch mit meinem Lehrer. Er meinte, dass ich aufgrund meiner

Herkunft niemals dasselbe erreichen würde wie meine Deutschen Mitschüler, da ich bestimmt nur mit Menschen meinesgleichen aufgewachsen bin und ich solle nicht versuchen ›schlaue Wörter‹ zu benutzen.«[10]

Teil einer Vorzeigeminderheit zu sein, schützt nicht vor rassistischer Gewalt. Es wird vermittelt, man sei selbst für die eigene Unterdrückung verantwortlich. Rassifizierte Menschen müssten ja nur die Eigenschaften einer Vorzeigeminderheit erfüllen und hätten dann keinerlei Probleme mehr. *Asiatisch* markierte Menschen haben es also *trotz* Rassismus geschafft, erfolgreich zu sein und einen hohen sozialen Status zu erreichen. So wird beispielsweise anti-Schwarzer Rassismus perpetuiert und die »Ich-sehe-keine-Farben«-Annahme reproduziert, also faktisch der Rassismus in der Gesellschaft aufrechterhalten. Der Mythos der Vorzeigeminderheit macht strukturellen Rassismus nicht nur unsichtbar, sondern auch salonfähig. So gibt es nach wie vor wenig gesellschaftlichen Widerstand, wenn im Zusammenhang mit der Corona-Pandemie stets *asiatisch* markierte Menschen gezeigt werden. Die Tatsache, dass es eine globale Pandemie ist, die nicht nur Menschen in ostasiatischen Ländern betrifft und daher der Fokus auf der medialen Darstellung einer bestimmten Gruppe problematisch ist, wird gar nicht erst hinterfragt. Generell wurden in der Vergangenheit erlebte Erfahrungen von Betroffenen eher relativiert, da das vorliegende Problem nicht benannt wurde.

Meinen persönlichen Erweckungsmoment hatte ich während meines Masterstudiums im soziologischen Seminar eines japanischen Gastdozenten. Er erzählte in einer Veranstaltung von seinen Rassismuserfahrungen in der Schweiz. Er war der erste Dozent mit ostasiatischen Wurzeln während meiner gesamten Zeit an der Uni, was mich auf eine Weise empowerte, die ich vorher nicht kannte. Viele seiner Erfahrungen bezogen sich auf vermeintlich positive Zuschreibungen, und so hörte ich zum ersten Mal den Begriff des positiven Rassismus. Das war immens augenöffnend für mich, da ich erstmals meine eigenen Erfahrungen auf einer objektiven Ebene validiert bekommen habe. Es gibt eine Wissenschaft hinter meinen Erfahrungen, und sie sind nicht individuell. Mein Unwohlsein habe ich mir nicht eingebildet, und ich bin nicht allein damit.

6

HYPERSEXUALISIERUNG UND FETISCHISIERUNG

Seit ich denken kann, gilt es in meiner Familie als Schönheitsideal, *weiß* und zierlich zu sein. Diese beiden Merkmale bedeuteten nämlich Wohlstand und damit einhergehend gesellschaftliche Anerkennung. Vietnames*innen mit dunklerer Hautfarbe waren Bäuer*innen, die den ganzen Tag auf dem Feld arbeiteten und zugleich auch kräftiger gebaut waren, weil sie körperlicher Arbeit nachgingen. Selbst wenn man also nicht wirklich gesellschaftlich höhergestellt war, sollte man wenigstens so aussehen. Diese Form der Diskriminierung nennt sich *Colorism*. Der Begriff kommt wie viele Begrifflichkeiten der Rassismusforschung ursprünglich aus der Schwarzen Menschenrechtsbewegung und der US-amerikanischen Forschung zu Rassismus gegen Schwarze Menschen. Er verweist auf die Hierarchisierung von Menschen innerhalb einer *race** je nach dem Ton ihrer Hautfarbe. Je

---

* *Race* steht für eine Analysekategorie zur Beschreibung kultureller, politischer und sozialer Konstruktionen vom

dunkler er ist, desto weiter unten befindet die Person sich in dieser Hierarchie.

Das zeigt sich auch in den Konsequenzen von anti-*asiatischem* Rassismus. Wenn in einer Hollywood-Produktionen mal Rollen mit Schauspieler*innen ostasiatischer Herkunft besetzt werden, dann entsprechen diese meistens dem westlichen Schönheitsideal oder erfüllen den Stereotyp, der hier von ostasiatischen Personen erwartet wird: Sie haben sehr helle Haut, feine Gesichtszüge und einen schlanken, zierlichen Körper. Wie die Journalistin Nhi Le in ihrer Kolumne »The Female Gaze« treffend beschreibt, werden ost- und südostasiatische Frauen hierzulande in der Öffentlichkeit entweder als »verwegene Drachenlady«, »zarte Lotusblume« oder »Kirschblütenmädchen« stereotypisiert[1], wobei die letzten beiden Bilder die gleiche Bedeutung haben. Die zurückhaltende, unterwürfige und zugleich auch dem *weißen* Mann sexuell dienliche Frau ist eine Vorstellung, die historisch begründet ist und sich bis heute in vielen westlichen popkulturellen Artefakten widerspiegelt.

Die »Drachenlady« beschreibt hingegen das Klischee einer *asiatisch* markierten Frau als Femme fatale, die intrigant, skrupellos, übermäßig gewalttätig und zugleich begehrenswert, verführerisch und makellos schön ist. Lucy Liu wurde 2004 mit einem MTV-Award in der Kategorie »Beste Schurkin« für ihre Rolle in Quentin Ta-

---

Weiß- und Nicht-*Weißsein*. Dieser Begriff ist eng mit der Schwarzen Protestbewegung in den USA verbunden.

rantinos *Kill Bill: Volume 1* ausgezeichnet und entspricht diesem Typ. Solche Figuren finden sich auch in Filmen wie *Austin Powers* und *Full Metal Jacket* und gehen bis ins Jahr 1924 zurück. Damals spielte Anna May Wong, eine US-amerikanische Schauspielerin mit chinesischen Wurzeln, die Rolle einer hinterhältigen versklavten Mongolin im Film *Der Dieb von Bagdad*. Lange Zeit sah man *asiatisch* gelesene Schauspieler*innen nur in klischeehaften Rollen, und auch wenn es nur fiktive Geschichten sind, prägen sie die Gesellschaft und schaffen Realitäten.

Für *asiatisch* markierte Männer beziehungsweise männlich markierte Personen existieren in der Popkultur ebenfalls Stereotype: Entweder sind sie die etwas seltsamen Nerds, exzellente Kämpfer oder skrupellose Mafiabosse. *Asiatisch* gelesenen Männern wird in ihren Rollen oft jegliche Sexualität oder sexuelles Begehren abgesprochen. Wie kann es beispielsweise sein, dass ein Jackie Chan, der in seinen bekanntesten Filmen Geheimagenten oder perfekte Kämpfer spielt, so selten eine Frau an seiner Seite hat oder überhaupt von Frauen begehrt wird? Vergleicht man seine Rollen mit Figuren wie James Bond oder Ethan Hunt in den *Mission-Impossible*-Filmen, so stellt Jackie Chan auffällig selten sexuell begehrte Charaktere dar, und das, obwohl er das Bild der »Männlichkeit« in den Figuren erfüllt. Er ist ein gnadenloser Kämpfer und der Held der Geschichte. Unabhängig davon, ob das Männlichkeitsbild in der Popkultur wünschenswert ist, hat die fehlende Repräsentation ostasiatischer Männer in der Popkultur, die dieses erfüllen, Auswirkungen auf das Leben *asiatisch* markierter Männer. Entsprechen Männer nicht dem Bild eines privilegierten *weißen* Mannes, wird ihnen die Männlichkeit abgesprochen. Das stereotype Bild eines *asiatisch* markierten Mannes ist klein, dünn und von körperlicher Schwäche und Unterlegenheit geprägt. Dieses vermeintliche Defizit gegenüber dem *weiß*-westlichen Männlichkeitsbild hat reale Folgen für *asiatisch* markierte Männer: Laut einer Studie zum Datingverhalten auf OKCupid werden asiatisch markierte Männer am wenigsten gematcht. Während *asiatisch* markierten Männern die Sexualität abgesprochen wird, werden Frauen hypersexualisiert, vor allem in Verbindung mit *weißen* Männern.

Weil während des Vietnamkrieges viele US-Soldaten in Saigon stationiert waren, entwickelte sich dort eine große Nachfrage nach sexuellen Dienstleistungen. Gleiches geschah auch an anderen Militärstützpunkten der US-Amerikaner wie in Thailand und auf den Philippinen. Selbst nach Abzug der Truppen aus diesen Regionen wuchs die Nachfrage weiter an, was das Bild vermeintlich käuflicher *asiatischer* Frauen in westliche Länder transportierte. Der sogenannte Massensextourismus ist bis heute die Folge. Eine Industrie von Heiratsvermittlungen zwischen *weißen* Männern aus dem Westen und ostasiatischen Frauen aus den Regionen etablierte sich. »Finden Sie hier Ihre Traumfrau aus Thailand. Heiratswillige, ehrliche Thaifrauen warten auf

Sie« wirbt beispielsweise die Heiratsvermittlung Thailebenspartner online.

Wie in einem Warenkatalog können Singlemänner thailändische Frauen je nach Vorlieben und Geschmack auswählen. Nach einem kurzen Besuch zum Kennenlernen werden alle Formalitäten von Visum über Einreise bis zur Eheschließung von der Agentur erledigt. Sind die Männer mit ihren Frauen nicht zufrieden, gibt es sogar ein Rückgaberecht. Das ist keine Überspitzung, sondern die Realität vieler Frauen, die über eine solche Heiratsvermittlung nach Deutschland kommen. Darüber, ob sie sich freiwillig für diesen Weg entscheiden, möchte ich nicht urteilen. Es ist natürlich nicht auszuschließen, dass so gleichberechtigte Partner*innenschaften entstehen können, allerdings wird in dieser Praxis das Bild der Unterwürfigkeit und Willenlosigkeit ostasiatischer Frauen verfestigt, welches einen großen Teil des anti-*asiatischen* Rassismus ausmacht. Die Hoffnung auf ein Leben frei von Armut und Existenzängsten wiegt schwer.

Die Ausbeutung der Menschen in diesen Ländern durch Menschen aus Europa oder Nordamerika ist eine unmittelbare Folge der dort herrschenden Armut, obwohl *weiße* Tourist*innen gern etwas anderes behaupten. In einer kürzlich erschienenen Dokumentation des NDR[2] wird die Situation in Pattaya in Thailand geschildert. Dafür werden unter anderem deutsche Männer interviewt, die zum Teil dauerhaft dort leben und auf YouTube-Kanälen Tipps zum »Sextourismus« geben. Ihren Erzählungen zufolge seien die thailändischen

Frauen immer fröhlich und glücklich. In einem Nebensatz erwähnen sie, dass der Preis für Sex hier sehr niedrig sei und man sich das als Europäer gut leisten könne. Die Frauen hätten ein gutes Leben und machten alles aus Freude. Manche stritten sogar ab, »Sextouristen« zu sein, konnten die Nachfrage, ob sie die Frauen, mit denen sie dort Zeit verbrachten, bezahlen, jedoch nicht verneinen. Die Romantisierung der Lebensumstände dieser Frauen dient vor allem den deutschen Männern selbst.

In der Doku wird auch von einer Frau berichtet, die schwanger von einem deutschen Touristen sitzen gelassen wurde, nachdem er ihr versprochen hatte, sie mit dem gemeinsamen Baby nach Deutschland zu holen. Der »reiche Westen« ist nach wie vor ein Sehnsuchtsort, in dem vermeintlich alles besser ist. Menschen seien weniger korrupt, die Lebensmittel, Hygieneartikel und jegliche Produkte des täglichen Bedarfs seien qualitativ hochwertiger. Das höre ich auch von meiner Familie in Vietnam immer wieder. Diese zum großen Teil kolonial geprägte Erwartungshaltung ist tief in den Köpfen verankert – nicht nur bei den Menschen in ostasiatischen Ländern, sondern auch hier im sogenannten »reichen Westen«. Dabei wird die Komplexität der globalen wirtschaftlichen Verflechtungen und damit auch die fortschrittliche Entwicklung von Ländern wie China oder Südkorea verkannt und verklärt. Auch die wirtschaftliche Abhängigkeit vieler europäischer Länder von ostasiatischen Staaten wird ignoriert. Menschen mit ost- und südostasiatischer Herkunft werden wiederum als rückschrittlich, weniger selbstbestimmt und den *weißen* Menschen untergeordnet betrachtet.

Heiratsvermittlungen europäischer Menschen mit nicht-europäischen sind eine zutiefst koloniale Praxis. Als *weißer* Mann könne man sich nehmen, was man möchte, und die Menschen in den (ehemals) kolonialisierten Regionen seien dafür sogar dankbar. Die gekauften Partner*innenschaften und arrangierten Ehen sehen sie also eher als positiven Dienst und als Verbesserung der Lebensumstände der Frauen an, und es scheint selbstverständlich, dass sie dafür die Bedürfnisse der *weißen* Ehemänner zu erfüllen haben. Das erinnert an den *White Savior Complex**, den man beispielsweise auch in transnationalen Adoptionsverfahren wiederfindet.

Am 21. März 2021 verübte ein 21-jähriger *weißer* Mann einen Anschlag auf drei Massagesalons in Atlanta, bei dem acht Frauen mit ostasiatischen Wurzeln ermordet wurden. Als Begründung für seine Tat nannte der Täter seine unbefriedigte Sexsucht. Dieser Anschlag ist nicht im luftleeren Raum geschehen, sondern markiert einen Höhepunkt anti-*asiatischen* Rassismus in jüngster Zeit

---

* *White Savior Complex* beschreibt ein Phänomen, bei dem *weiße* Menschen sich dazu berufen fühlen, »für« nicht-*weiße* Menschen aus dem sogenannten globalen Süden Entwicklungs- und Aufklärungsarbeit leisten zu müssen. Dabei werden bewusst die Ursachen für Missstände ignoriert und das Bild von vermeintlich unterentwickelten und hilfsbedürftigen Menschen reproduziert.

und ist auch auf die Hypersexualisierung und Fetischisierung ostasiatischer Frauen zurückzuführen. Die Überschneidung von Misogynie, Sexismus und Rassismus spielt im anti-*asiatischen* Rassismus eine große Rolle. Ein Großteil der Stereotypisierung ostasiatischer Frauen in Filmen, Musik und Literatur basiert darauf.

Bereits 1887 entwarf der französische Schriftsteller Piérre Loti in seinem Roman *Madame Chrysanthème* eine Figur mit vielen rassistischen Zuschreibungen. In dieser Geschichte geht es um einen Offizier, der in Nagasaki stationiert war und eine Geisha zur Frau hatte. Diese Frau wurde verführerisch mit »créme-farbener Haut, schwarzen Haaren und Katzenaugen« beschrieben, »hübsch und nicht größer als eine Puppe«. Außerdem ist er von drei weiteren, als unterwürfig charakterisierten japanischen Frauen umgeben, die ihm zu Füßen liegen und ihn nach seinen Wünschen bedienen. Der Roman wurde zum Bestseller, weltweit verkauft und in viele Sprachen übersetzt. Später diente er als Grundlage für die Oper *Madama Butterfly*. Sie wird nach wie vor aufgeführt, zuletzt von der Ukrainian National Opera im Admiralspalast in Berlin.[3]

1979 zeichnete der Kabarettist Gerhard Polt in seinem satirischen Sketch *Mai Ling* das Bild einer Katalogsfrau, die man auf Wunsch bestellen kann. Als Betroffene dieser Darstellung finde ich es unangemessen, dass Polt als *weißer* Mann rassistische Stereotype reproduziert. Denn: Wer sind die Adressat*innen dieses Sketches und wer lacht darüber? Wenn es insbesondere nicht betroffene Personen sind, dann hat die Satire ihre Funktion nicht erfüllt. Satire sollte nach oben treten und nicht auf Kosten marginalisierter Menschen gemacht werden. Auch wenn er es mit dem Sketch gut gemeint hat – die Intention spielt über der Wirkung bei Betroffenen nur eine untergeordnete Rolle. Ich habe mir den gesamten Sketch angeschaut und fand ihn schwer zu ertragen. Anhand bestimmter Passagen lässt sich anti-*asiatischer* Rassismus jedoch sehr anschaulich erklären. Dieses Stück wurde noch 2018 in einem Wirtshaus in Vaterstetten in Bayern aufgeführt. Gäste lachten herzhaft, und es schien sich niemand an den rassistischen Bildern zu stören.[4]

> *Mark und a bissel was – ab Bangkok*
> *Airport, also, hab ich bezahlt, hab ich kommen*
> *lassen. Das ist relativ*
> *preiswert, allerdings also … 500 D-Mark mehr, wenn*
> *ich draufgelegt*
> *hätt, dann hätt ich 'ne Vietnamesin haben können.*
> *Also, ich mein, die*
> *san noch etwas robuster, sagen s', aber da gehen*
> *natürlich die*
> *Meinungen auseinander.*

Hier wird das Bild einer vermeintlich willenlosen Frau gezeichnet, die in dem Prozess der Vermittlung keinerlei Mitspracherecht hat. Wie eine Tafel Schokolade im Supermarkt kann die Betroffene nicht darüber entscheiden, von wem sie gekauft wird. In diesem Absatz werden zwei Ebenen aufgemacht: die Verfügbarkeit und der

Preis einer Person. Es reicht aus, eine bestimmte Summe zu zahlen, und schon kann der *weiße* Mann sie nach Deutschland »kommen lassen«. Wie beim Durchforsten von Discounter-Prospekten werden Preise thailändischer mit vietnamesischen Frauen verglichen und hierarchisiert, mit der Begründung, die Körper vietnamesischer Frauen seien »robuster«. Damit werden mitunter sexualisierte Gewaltfantasien gegenüber vietnamesischen Frauen geschürt, denn in welcher Situation sollte es wichtig sein, dass ihr Körper »robust« ist? Mai Ling ist in diesem Kontext eine auswechselbare Person, deren Individualität, eigener Wille und auch Menschlichkeit ihr abgesprochen wird. Ihr Körper wird objektifiziert und einem emotionslosen Gegenstand gleichgesetzt. Dass der Wert eines Menschen nicht in Geld gemessen werden sollte und es fraglich ist, ob Menschen in ihrer Ganzheit überhaupt käuflich sind, sollte Konsens sein. Doch so funktioniert das System Rassismus seit jeher. Die Menschlichkeit und damit auch die Empathie gegenüber Menschen nehmen ab, je weniger *weiß* sie sind.

> *Ja, und sie ist da auch*
> *ausgesprochen, äh …, verständig, flexibel und anschmiegsam, gell.*
> *Überhaupt, die Schlafzimmer, gell, da san sie berühmt, die Asiatinnen.*

Die Hypersexualisierung *asiatisch* markierter Frauen ist ein gewohntes Bild. »Sextourismus« ruft sofort das

Bild des *weißen* alten Mannes und der jungen ostasiatischen Frau auf. Meine Tante, die mit einem *weißen* Mann verheiratet ist, erlebt bis heute täglich Mikroaggressionen und wurde schon oft gefragt, ob sie eine gekaufte Frau sei. An dieser Stelle müssen wir unbedingt auch an eine weitere vulnerable Gruppe denken, nämlich trans*Frauen. Denn sprechen wir von Hypersexualisierung und Unterwerfung, so werden insbesondere trans*Frauen als noch »exotischere« Form von Sexarbeiterinnen in den Regionen angesehen. Die sogenannten »Ladyboys« in Thailand leben häufig unter sehr prekären Bedingungen, die von Ausgrenzung und Diskriminierung geprägt sind.[5] Ladyboys erfüllen optisch alle Eigenschaften übersexualisierter Frauen, und viele von ihnen sind Sexarbeiterinnen. Das Bild der sexuellen Verfügbarkeit der »zarten Lotusblume« wird auch auf sie angewandt – in Verbindung mit der vermeintlich verführerischen Kraft ostasiatischer Frauen, die fast mystisch und bedingungslos die Wünsche der Männer erfüllen kann. Damit geht auch immer die Zuschreibung einher, dass diese Frauen dennoch in ihrem Verhalten ruhig und zurückhaltend seien und dies auch an den zarten, leichten Körpern zu erkennen sei, was die folgende Textpassage verdeutlicht:

Und, sagen wir mal, sie ist auch ausgesprochen leise!
Also irgendwie,
wenn, sagen wir mal, ein Knarzen oder ein Pochen,
hihi … Da könnt man

meinen, a Mäuserl, hähähä! Jaja! Ja, des ist sie, gell! Weil sie
schwebt ja förmlich, gell, weil sie tritt ja fast kaum auf, weil sie
nichts wiegt.

Weil eine Verwandte von mir, die Anni, die hat ein Kinderbett, und da hab jetzt ich gemeint, daß ich' s' reinbring.

Ein Bestandteil anti-*asiatischen* Rassismus ist die Infantilisierung ostasiatischer Menschen. Dies spiegelt sich auch ihrer medialen Darstellung wider. Wer kennt nicht das Bild ostasiatischer Frauen in Schuluniformen und mit langen Zöpfen wie die Figur Gogo Yubari in *Kill Bill: Vol. 1* oder auch Ariana Grande, die sich in Schuluniform als japanische Schülerin inszeniert? Als wären sie besonders devote, gehorsame Kinder, die nur für ein pädokriminelles Begehren existieren. Gleichzeitig haben sie durch diese hypersexuelle Inszenierung etwas Verruchtes an sich, das es zu zähmen oder bestrafen gilt, was Macht- und Unterwerfungsfantasien Raum gibt.

Ja, also … Jetzt passen Sie mal auf … (laut) Du, Mai Ling, ›ol‹ einmal
die Zigaretten, die da drüben liegen! (leise) Jetzt schaun Sie …
(laut) Die Zigaretten sollst holen! Ho' s' amal! Ja, und die

Zündhölzel! Geh amal schnell! Ja, geh doch amal! (leise) Ja, Herrgott!

Mit dieser Passage schließe ich die Analyse des rassistischen Satirestücks von Gerhard Polt ab. Sie verdeutlicht erneut die Entmenschlichung der Figur Mai Ling, die selbst einfachste Aufgaben wie Zigarettenholen nur nach mehrmaliger Aufforderung erfüllen kann. Ein Aspekt zieht sich durch dieses Stück: Es geht nicht ausschließlich darum, ob sie etwas bereits kann oder ob sie es noch lernen muss, sondern es wird immer davon ausgegangen, dass sie es auch ohne Widerrede tun wird. Es gibt kein Szenario, in dem die Zuschauer*innen erwarten können, dass Mai Ling gegen diese Niedermachung aufbegehrt. Mich, die mit diesen Klischees vertraut ist, weil ich sie sehr oft selbst erleben musste, macht das Satirestück von Gerhard Polt betroffen. Ich frage mich, wer Mai Ling sein könnte und was man aus dieser Figur stattdessen hätte machen können. Man hätte ihre Perspektive erzählen können, wie es für sie ist, in einem fremden Land zu leben und die Sprache noch nicht zu beherrschen. Entspricht ihr Leben in Deutschland ihren Erwartungen? Vermisst sie ihre Heimat, ihre Familie und ihre Freund*innen? Wie findet sie es, dass ihr Ehemann so über sie redet? Mich beschäftigt auch die Frage, wie sich die Schauspielerin, die die Rolle der Mai Ling gespielt hat, fühlen musste. Ich bin mir ziemlich sicher, dass sie diese Rolle auch als demütigend empfunden haben muss.

Am 11. Mai 2016 ereignete sich in Dessau-Roßlau ein Mord, der sich in der Kontinuität anti-*asiatischen* Rassismus und rassistischer Gewaltverbrechen in Deutschland einreiht und eine Zuspitzung in der grausamsten Form darstellt.[6] Li Yangjie war eine Austauschstudentin an der Hochschule in Dessau und stammte aus Henan, einer kleinen Provinz in China. Für Architekturstudierende ist Dessau mit dem Bauhaus-Gebäudekomplex ein besonderer Ort. Das Aufnahmeverfahren ist anspruchsvoll und erfordert beispielsweise ein persönliches Gespräch mit dem Lehrstuhlinhaber. Sicher war sie stolz, einen Studienplatz an der Hochschule bekommen zu haben, denn generell ist die Möglichkeit, im Ausland zu studieren, ein großes Privileg. Gemeinsam mit anderen chinesischen Studierenden wohnte sie in einer WG.

Li Yangjie wurde Opfer eines rassistischen Sexualmordes. Der Täter Sebastian F. und die Mittäterin, seine Verlobte Xenia I., missbrauchten, folterten und ermordeten sie auf eine undenkbar brutale Weise. Nach langwierigen und unprofessionellen Ermittlungen stellte sich heraus, dass Xenia I. Li am Abend des 11. Mai 2016 auf ihrer Joggingstrecke unter dem Vorwand, Hilfe beim Tragen schwerer Kartons zu benötigen, ins Haus des Täters gelockt hatte. Sebastian F. wartete bereits hinter der Haustür und überwältigte Li, als sie das Haus betrat.[7]

Es gibt in diesem Mordfall zwei Ebenen, die einander beeinflussen, aber auch für sich stehen. Die erste Ebene ist die institutionalisierte rassistische Gewalt der Polizei, die in Form von Ermittlungsfehlern und Vertuschungsversuchen sichtbar wurde. Der Täter Sebastian F. ist Sohn einer Polizeibeamtin und Stiefsohn des Polizeichefs in Dessau. Seine Biografie ist durchzogen von Gewalt und kriminellen Handlungen. Das ist natürlich kein automatisches Indiz für Gewaltverbrechen, doch im Zusammenhang mit der Tatsache, dass Sebastian F. neben der Grünanlage lebte, in der die Leiche gefunden wurde, hätte sie zumindest Anlass für einen Anfangsverdacht geben können. Doch die Ermittlungen gingen zunächst in eine komplett andere Richtung.

Anstatt die Umgebung des Tatorts zu untersuchen, ging der damalige Staatsanwalt Klaus Tewes davon aus, dass der Mord außerhalb Dessaus stattgefunden haben könnte und die Leiche von Li Yangjie lediglich mit einem Transporter zum Fundort gebracht wurde. Die eigentlich routinemäßigen Umfeldermittlungen wurden in diesem Fall erst elf Tage nach Untersuchungsbeginn gestartet. Beispielsweise wurden die Videoaufnahmen eines Antiquitätengeschäfts direkt vor dem Haus des Täters und in unmittelbarer Nähe des Fundortes erst Wochen später als Beweismittel aufgenommen und ausgewertet. Später stellte sich heraus, dass dieses Material sehr wichtige Hinweise auf die Täter*innen gibt. Die Mutter des Täters war zu Beginn der Ermittlungen als Polizistin involviert und hat unter anderem Kommiliton*innen und Freund*innen von Li Yangjie befragt. Der Stiefvater half Sebastian F. noch während der laufenden Ermittlungen beim Auszug aus der Wohnung, die sich später als Tatort herausstellte. Es lag aufgrund dieser Tatsachen nahe, dass die

Eltern bei der Vertuschung von Beweismitteln involviert gewesen sein könnten. Vor Gericht konnte das jedoch nicht bewiesen werden.

Kurz nach dem Umzug meldete sich der Täter bei der Polizei und sagte aus, dass er einen Tag vor der Tatnacht gemeinsam mit seiner Verlobten »mit einer Chinesin einvernehmlich Sex« gehabt hätte.[8] Sie habe die Wohnung nach einer halben Stunde verlassen, und es sei nichts auffällig gewesen. Doch mehrere Zeug*innen, die Li in diesem Zeitraum anderswo gesehen hatten, widerlegten F.s Aussagen, woraufhin er sich in Lügen verfing. Einen Tag nach der Trauerfeier für Li feierten die krankgeschriebenen Eltern des Täters in ihrer neu eröffneten Gartenkneipe ein Fest. Diese Pietätlosigkeit hatte zumindest ihre zeitweilige Suspendierung zur Folge[9], auch wenn sie wenig später ihre Position erfolgreich zurückklagen konnten und davon auszugehen ist, dass sie derzeit immer noch im Polizeirevier in Dessau-Roßlau arbeiten.[10]

Es ist nicht das erste Mal, dass die Polizei in Dessau negativ auffällt. Oury Jalloh starb am 7. Januar 2005 in genau diesem Polizeipräsidium.* Er wurde in seiner Gefängniszelle gefoltert, ermordet und schließlich verbrannt. Bis heute gibt es keine Gerechtigkeit, und keine*r der damals anwesenden Polizist*innen wurde verurteilt. Die Kontinuität institutionalisierter rassisti-

---

* Detaillierte Informationen zum Fall Oury Jalloh können bei der *Initiative Gedenken an Oury Jalloh* nachgelesen werden: https://initiativeouryjalloh.wordpress.com.

scher Gewalt bei der Polizei verdichtet sich in Dessau mit dem Fall Li Yangjie – einem weiteren Ermittlungsverfahren, das von Ungereimtheiten und Vertuschungsversuchen durchzogen ist. Dessau scheint ein Sammelbecken für rechtsextreme, rassistische Beamt*innen zu sein[11]: Im Jahr 2007 forderte der stellvertretende Polizeichef Hans-Christoph Glombitza Beamt*innen des »Polizeilichen Staatsschutzes« dazu auf, die Erfassung rechtsextremer Straftaten zu bremsen – ein Sachverhalt, der von der Staatsanwaltschaft nicht weiter untersucht wurde, obwohl er in Gedächtnisprotokollen dreier Beamt*innen dokumentiert ist. Diese drei Polizist*innen wurden seitdem versetzt.[12]

Im September 2021 wurden bei einer Dessauer Polizistin romantische Briefe an den Attentäter von Halle unter falschem Namen gefunden und Tendenzen für rechtsextreme Verschwörungserzählungen festgestellt, was ihre Suspendierung zur Folge hatte. Würde man Polizeireviere in Hessen oder anderen Orten Deutschlands näher betrachten, würden man mit ziemlich großer Wahrscheinlichkeit ähnliche Strukturen finden. Der Fall Li zeigt aber stellvertretend für viele weitere rassistische Gewaltverbrechen rassistische Strukturen innerhalb des Sicherheitsapparates in Deutschland auf. Von Polizeibeamt*innen über Staatsanwaltschaft bis hin zu Richter*innen – institutionalisierter Rassismus ist auf allen Ebenen auffindbar.

Die zweite Ebene des grausamen Mordes an Li sind der Schmerz und die Retraumatisierung innerhalb der ost- und südostasiatischen Diaspora in Deutschland. Dieses Verbrechen führt uns vor Augen, dass wir hier nicht sicher sind, und die Angst, dass dies insbesondere für *asiatisch* markierte Frauen gilt, wurde mit dem Mord auf schmerzliche Weise bestätigt, der auch als Resultat der Hypersexualisierung *asiatisch* markierter Frauen verstanden werden kann. Die verurteilte Mittäterin und damalige Verlobte Xenia I. brach während der Gerichtsverhandlungen ihr Schweigen und beschrieb, dass der Täter anderen Menschen beim Sex gern Schmerzen bereite und Unterwerfung verlange. Er schaue sich Pornos mit *asiatisch* markierten Frauen an, und die Polizei fand auf seinem Rechner diverse Handbücher darüber, wie man »japanische Luder« missbrauchen und fesseln könne. Während der Gerichtsverhandlung wurde sichtbar, dass die Beziehung zwischen Sebastian F. und Xenia I. bereits gewaltvoll war und er ihr stetig mit einer Trennung drohte, weil bestimmte sexuelle Bedürfnisse unerfüllt blieben.[13]

Li Yangjie war kein zufälliges Opfer. Sie wurde als Opfer ausgewählt, weil sie chinesischer Herkunft und vom Täter als *asiatisch* gelesen wurde. »In Deutschland denken die Männer, dass sie mit uns machen können, was sie wollen. […] Mir fällt wieder ein, was meine Oma zu mir das Jahr zuvor gesagt hat. […] Ich sehe die Angst in ihren Augen. Ich sehe den Schmerz in ihren Augen. Ich weiß, was sie meint«, liest Xinan Pandan im *Diasporasia Podcast* aus einem bewegenden Text zum Fall Li Yangjie. Ich fühle diese Worte so tief in mir, wie meine

Mutter sie auch fühlt und nie ausspricht. Es ist ein Schmerz, der nur schwer zu beschreiben ist.

Als ich von dem Mord erfahren habe, war mein erster Gedanke: Das musste irgendwann passieren. Es war erschreckend, aber ich hatte es irgendwie erwartet, und ich hatte so große Angst vor diesem Tag. Als meine Mutter mit ihrem Partner vor einigen Jahren ein Bistro eröffnete, half ich anfangs manchmal aus. Ich nahm Anrufe von Menschen entgegen, die ihr Essen zum Mitnehmen bestellten. Die ersten Anrufe waren fremde Männer, die »Ficki, ficki!« oder »Massage« bestellen wollten. Sie atmeten schwer, sagten, was sie zu sagen hatten und legten schnell wieder auf. Es war mehrmals genauso abgelaufen. Mich schockierte es nicht einmal. »Unsere Körper erfahren Gewalt nicht zufällig«, beschreibt Xinan weiter in dem Text.

Die Hypersexualisierung *asiatisch* markierter Frauen resultiert nicht nur in Europa oder in den USA in Gewalt und Mord, sondern auch in den ost- und südostasiatischen Ländern selbst, in die *weiße* Männer als »Sextouristen« reisen. Die Gewalt in Form von Ausbeutung und Menschenhandel ist transnational und bis heute allgegenwärtig. Weltweit werden jährlich rund 50 000 Fälle von Menschenhandel erfasst, wobei die Zahl nicht erfasster Fälle wahrscheinlich viel höher liegt. Die meisten Opfer sind Frauen und Mädchen aus Ost- und Südostasien, die nach Europa oder Nordamerika verschleppt werden.[14] In Deutschland gibt es Beratungsstellen wie beispielsweise Ban Ying, die sich vor allem an thailändische und philippinische Frauen richten, die durch Ehevermittlungen nach Deutschland gekommen sind. Meistens können sie weder Deutsch noch haben sie hier Freund*innen, Familie oder Bekannte, die sie um Hilfe bitten können, sodass sie gerade am Anfang nahezu komplett vom deutschen Ehemann abhängig sind. Zudem haben die meisten Betroffenen gerade in den ersten Jahren nur unsichere Aufenthaltstitel, kein gesichertes Einkommen und würden bei einer Trennung unmittelbar in der Prekarisierung landen. Frauen, die durch Partner*innenvermittlungen nach Deutschland kommen, werden zum Teil sexuell, aber auch als (Zwangs-)Arbeitskräfte ausgebeutet.[15]

Wenn ich im Bekanntenkreis von den Verbrechen erzähle, die aus der Hypersexualisierung und Fetischisierung *asiatisch* gelesener Frauen resultieren, reagieren die meisten sehr schockiert und sind überrascht. Denn anti-*asiatischer* Rassismus wird nur selten als solcher benannt. In der Medienberichterstattung zum Fall Li Yangjie fiel das Wort »Rassismus« nicht vordergründig. Stattdessen lag der Fokus auf dem Täter, der eine »Sex-Sucht« hätte. Wäre das Verbrechen vielleicht vermeidbar gewesen, gäbe es ein Bewusstsein für die rassistischen Stereotypisierungen *asiatisch* gelesener Frauen? Hätte es auch andere Bilder *asiatisch* gelesener Frauen gegeben als die der unterwürfigen und sexuell verfügbaren Frau, wäre diese Tat so passiert? Es tun sich viele Fragen auf,

auf die niemand eine Antwort weiß. Nicht so lange über das Thema geschwiegen wird.

- Als asiatisch gelesene Frau wollen Männer nicht einfach mit dir zusammen sein, sie erwarten eine besonders fürsorgliche Frau, die gut kochen kann.
- Als asiatisch gelesene Frau denken Männer, dass du nicht einfach ein Restaurant, ein Nagelstudio oder einen Massagesalon führst, sondern auch ein Bordell.
- Als asiatisch gelesene Frau finden dich Männer nicht einfach attraktiv, sondern erwarten Unterwürfigkeit.
- Als asiatisch gelesene Frau pfeifen dir Männer nicht nur hinterher, sie denken, dass du nichts entgegensetzen wirst und das sogar magst.
- Als asiatisch gelesene Frau denken Männer, du wärst immer sexuell verfügbar.
- Als asiatisch gelesene Frau begehren dich Männer nicht einfach, sondern denken, dein Körper wäre käuflich.
- Als asiatisch gelesene Frau fragen Männer nicht nur nach deiner Nummer, sondern auch nach einer Massage mit Happy Ending.
- Als asiatisch gelesene Frau wollen Männer nicht einfach mit dir schlafen, sondern denken, dass du es ihnen besonders gut besorgen wirst.
- Als asiatisch gelesene Frau bist du nicht einfach eine Nummer im Bett, sondern ein Fetisch, der auf einer Liste abgehakt wird.
- Als asiatisch gelesene Frau ist dein Körper nicht nur

klein und zierlich, sondern auch eng und dadurch besonders befriedigend.

- Als asiatisch gelesene Frau bist du nie ausschließlich sexualisierter, sondern auch rassistischer Gewalt ausgesetzt.
- Als asiatisch gelesene Frau wirst du dafür sogar ermordet.

7

HISTORISCHE KONTINUITÄT RASSISTISCHER GEWALT IN DEUTSCHLAND GEGEN VIETNAMES*INNEN

Wie hierzulande über Rassismus gesprochen wird, erinnert mich oft an die Sendung *Aktenzeichen XY* vom ZDF, in der ungeklärte Kriminalfälle aufgezeigt werden in der Hoffnung, dass sich im Publikum Zeug*innen befinden, die nützliche Hinweise geben könnten. Es sind in sich geschlossene Fälle, und es wird nach Einzeltäter*innen gesucht. Gleiches passiert in Rassismusdebatten. Wer ist schuld, und gibt es Beweise? Sie werden zu Einzelfällen gemacht und weder auf ihre strukturelle Ebene untersucht noch in einen historischen Kontext eingeordnet. Das führt dazu, dass Gewalt, die aus rassistischen Motiven heraus ausgeübt wurde und unsere Gesellschaft maßgeblich prägt, nicht in das Bewusstsein von Menschen der Dominanzgesellschaft gelangt.

Als einer der ersten rassistischen Anschläge in der BRD gilt der Brandanschlag auf eine Geflüchtetenunterkunft in Hamburg-Billbrook. In der Nacht vom 21. auf den 22. August 1980 fuhren Mitglieder der rechtsextremen Terrororganisation »Deutsche Aktionsgruppe« in ein Industriegebiet in Hamburg, in dem sich bekanntermaßen eine Unterkunft für vietnamesische Geflüchtete befand. Sie sprühten »Ausländer raus!« an die Hauswand und warfen durch ein geöffnetes Fenster drei Molotowcocktails in das Gebäude. Bei diesem Anschlag wurden Nguyễn Ngọc Châu und Đỗ Anh Lân, zwei vietnamesische Geflüchtete, ermordet. Über die beiden Opfer ist leider bis heute nur sehr wenig bekannt. Nguyễn Ngọc Châu, geboren am 26. Juli 1958 in Saigon, war Lehrer, bevor er wie viele andere vietnamesische Geflüchtete mit der Cap Anamur in die BRD kam. Đỗ Anh Lân, geboren am 10. März 1962, war noch Schüler, bevor er im Zuge einer Hilfsaktion nach Hamburg kam. Nach jahrelangem Engagement von Überlebenden des Anschlags, Aktivist*innen und weiteren Stimmen aus der Community für ein öffentliches Gedenken und Erinnern wurde die Straße, in der sich die Unterkunft befand, zur Châu-und-Lân-Straße umbenannt, um der beiden Opfer zu gedenken und an sie zu erinnern.[1]

Wenn von rassistischen Anschlägen gesprochen wird, müssen die Pogrome in Rostock-Lichtenhagen und Hoyerswerda besonders hervorgehoben werden. Beide Ereignisse haben sich in das kollektive Gedächtnis vietnamesischer Einwander*innen eingebrannt. Die politische Stimmung nach dem Mauerfall war hinsichtlich der Asylpolitik in Deutschland, die ihren Höhepunkt im Jahr 1992 mit etwa 440 000 Asylsuchenden fand, sehr aufgeheizt.[2] Die CSU und CDU machten dieses bereits emotional aufgeladene Thema zu einem Hauptpunkt ihrer politischen Agenda. Bereits 1986, also noch vor der Wende, starteten die beiden Parteien eine Kampagne gegen vermeintlichen »Asylbetrug« und »Wirtschaftsflüchtlinge«.[3] Beide Bezeichnungen kommen uns leider nach wie vor bekannt vor.

Bereits in den späten 1980ern warnte die CDU vor 50 Millionen Geflüchteten, 2015 behauptete sie, dass angeblich 60 Millionen Menschen vor den europäischen Außengrenzen warteten.[4] Im Juni 1992 kam das ZDF-*Politbarometer* zu dem Ergebnis, dass etwa sechzig Prozent der Menschen in Ostdeutschland es nicht okay fänden, dass in Deutschland so viele »Ausländer« lebten.[5] Das Thema erhitzte die Gemüter der deutschen Dominanzgesellschaft, und so war es nicht überraschend, dass der Unmut bei einigen Menschen in Hass umschlug. Durch die politische Instrumentalisierung dieser Debatte wurde die negative Stimmung gegenüber Migrant*innen weiter geschürt und resultierte im ersten Pogrom in Hoyerswerda.

Die meisten ehemaligen Vertragsarbeiter*innen im Osten wohnten weiterhin in Wohnheimen und waren entweder arbeitslos oder versuchten, auf Märkten mit dem Verkauf von Waren ihren Lebensunterhalt zu finanzieren. Auch in Hoyerswerda gab es einen solchen Markt, auf dem vietnamesische Einwander*innen einen Stand hatten. Am 17. September 1991 wurden sie dort von überwiegend jugendlichen Neonazis überfallen, sodass sie ihren Stand räumen und in ihr Wohnheim flüchten mussten. Innerhalb kürzester Zeit versammelten sich mehrere Dutzend Neonazis vor dem Gebäude in der Albert-Schweitzer-Straße, um rechte Parolen zu rufen und mit Steinen auf das Gebäude zu werfen. Die Polizei ließ sich Zeit und traf erst zwei Stunden später vor Ort ein.

Einen Tag darauf, am 18. September 1991, verübten Neonazis einen Anschlag auf dieses Wohnheim, in dem nicht nur ehemalige vietnamesische, sondern auch mosambikanische Vertragsarbeiter*innen lebten. Diese waren alle bei der Lausitzer Braunkohle AG angestellt, bis ihre Arbeitsverträge Ende 1991 auslaufen sollten. Unter Applaus der ansässigen Bevölkerung wurde das Gebäude mit Brandsätzen und Steinen beworfen und die darin lebenden Menschen attackiert. Etwa 500 Menschen versammelten sich vor dem Wohnheim und beteiligten sich an dem rassistischen Anschlag. Von der Polizei, die tatenlos zusah, gab es für die Bewohner*innen keinen Schutz.

Erst am 20. September, also zwei Tage nach Beginn der Angriffe, wurden etwa sechzig der dort lebenden Menschen mit Bussen evakuiert.[6] Diese sechzig ehemaligen Vertragsarbeiter*innen wurden anschließend alle ausnahmslos in ihre Herkunftsländer abgeschoben. In Hoyerswerda blieb es allerdings nicht bei dieser einen rassistischen Angriffsserie. Nur kurz später kam es zu einem Vorfall in einer weiteren Unterkunft für Geflüchtete. Im Anschluss an das Pogrom wurde Hoyerswerda in Anlehnung an den Begriff »judenfrei« aus der NS-Zeit von Rechtsextremen als »erste ausländerfreie Stadt« bezeichnet.[7] Darauf folgten weitere Anschläge in Thiendorf (Sachsen) mit acht Verletzten, Freital (Sachsen), Bredenbeck (Niedersachsen), Münster (Nordrhein-Westfalen), March (Baden-Württemberg) und Tambach-Dietharz (Thüringen).[8]

Knapp ein Jahr nach dem Pogrom in Hoyerswerda kam es in Rostock-Lichtenhagen zu einem weiteren Pogrom, das weitreichende politische Folgen für die Asylpolitik in Deutschland hatte, die bis heute nachwirken. Am Abend des 22. August 1992 versammelten sich etwa 2000 Menschen vor der Zentralen Aufnahmestelle für Asylbewerber (ZASt) und dem anliegenden Wohnheim für vietnamesische Vertragsarbeiter*innen, dem sogenannten »Sonnenblumenhaus«. Teilweise vermummte Neonazis bewarfen das Gebäude der ZASt mit Molotowcocktails und riefen Parolen wie »Sieg heil!« und »Deutschland den Deutschen, Ausländer raus!«. In der Umgebung wurden währenddessen Imbissbuden aufgebaut, damit sich die Neonazis und Zuschauenden mit Getränken und Essen versorgen konnten.

Eine erschreckende Vorstellung, dass Menschen um ihr Leben bangten und angegriffen wurden, während auf der anderen Seite Bierfeststimmung herrschte. Der erste Tag des Pogroms wurde letztlich erst um fünf Uhr morgens von der Polizei aufgelöst, nachdem sie komplett unterbesetzt mehrmals zurückgedrängt worden war und Verstärkung holen musste. Am Tag darauf ging es gegen Mittag nahezu nahtlos weiter. Bereits Hunderte Rechtsextreme versammelten sich vor dem ZASt und reisten mittlerweile aus der ganzen Bundesrepublik an, um sich an der Gewalt zu beteiligen.

Am Abend begannen etwa zweihundert Täter*innen, das Sonnenblumenhaus mit Brandsätzen zu attackieren. Wieder standen bis zu 2000 Zuschauende vor dem Gebäude und befeuerten die Neonazis während der Belagerung. Am 24. September war die Stimmung vor dem Sonnenblumenhaus extrem aufgeheizt. Die Gewaltbereitschaft der jugendlichen Neonazis nahm zu und die Volksfeststimmung hielt weiterhin an. Die Polizei war nach wie vor maßlos überfordert und zog sich sogar mitunter zurück. Es schien, als wäre die gewalttätige Masse nicht zu bewältigen. Währenddessen fürchteten Vietnames*innen, die sich nun seit zwei Tagen im Sonnenblumenhaus verstecken mussten, um ihr Leben. Das Gebäude brannte in weiten Teilen, und sie konnten sich gerade so auf das Dach retten, indem sie mehrere verschlossene Türen aufbrachen. Unter den Bewohner*innen befanden sich auch Kinder. Erst kurz vor Mitternacht gelang es der Polizei, die Vietnames*innen auf dem Dach zu evakuieren und in Bussen durch die Masse aus dem Ort zu bringen.[9]

Nach dem Pogrom hielt der damalige Bundesinnenminister Rudolf Seiters eine Pressekonferenz ab, benannte aber die rassistische Gewalt nicht. Stattdessen griff er das damals bereits präsente Narrativ des Asylbetrugs auf und legte den Fokus auf die Asylsuchenden selbst: »Wir müssen handeln gegen den Missbrauch des Asylrechts, der dazu geführt hat, dass wir einen unkontrollierten Zustrom in unser Land bekommen haben, ich hoffe, dass die letzten Beschlüsse der SPD, sich an einer Grundgesetzänderung zu beteiligen, endlich den Weg frei machen.«[10] Weitere Politiker*innen zogen nach. So sagte der Ministerpräsident Berndt Seite: »Die Vorfälle der vergangenen Tage machen deutlich, daß eine Ergänzung des Asylrechts dringend erforderlich ist, weil die Bevölkerung durch den ungebremsten Zustrom von Asylanten überfordert wird.«[11] Und der damalige Justizminister des Landes, Herbert Helmrich, argumentierte: »Wir brauchen eine neue Mauer«, denn »was uns überschwemmen wird, geht bis in die Türkei.«[12] Der zu dieser Zeit amtierende Bundeskanzler Helmut Kohl entgegnete den Gewaltexzessen mit Verharmlosung und argumentierte damit, dass es »auch in anderen Ländern Europas und der Welt« Gewalt gegen »Ausländer« gebe.[13]

Anstatt also über einen Höhepunkt rassistischer Anschläge zu sprechen und diese politisch aufzuarbeiten, wurde die Asyldebatte erneut verschärft und hatte diesmal politische Auswirkungen. De facto wurde nach den Pogromen das Asylrecht in Deutschland abgeschafft. Die »Asylkompromiss« betitelte Änderung des Grundgesetzes schränkte den Artikel 16, welcher das Grundrecht auf Asyl beinhaltete, massiv ein. 1949 ist dieser Artikel als Konsequenz der Nazi-Diktatur zum Schutz politischer Gefangener in das deutsche Grundgesetz aufgenommen worden. Scheinbar war diese Konsequenz nach knapp fünfunddreißig Jahren nicht mehr notwendig und sollte daher geändert werden.

Um diese Grundgesetzänderung durchzusetzen, war allerdings eine Zweidrittelmehrheit des Bundestags sowie des Bundesrats erforderlich, und bis dahin hatte sich die SPD gegen eine Änderung ausgesprochen. Mithilfe der Springer-Presse konnte die CDU eine Medienkampagne gegen die SPD umsetzen, deren Hauptaussage war, dass die SPD mitverantwortlich für die Gewaltausschreitungen sei. So titelte die *BILD*-Zeitung »Das Boot ist voll«, und die *Welt am Sonntag* schrieb: »Die Sozialdemokraten wollen das Grundrecht auf Asyl zum Fetisch stempeln. Bei mehr als 90 Prozent Schwindlern kann sich das zur existentiellen Bedrohung unseres Sozialwesens auswachsen.«[14] Nach massivem öffentlichen Druck gab die SPD letztlich nach, der Asylkompromiss wurde besiegelt und aus dem Artikel 16 wurde der Artikel 16a.

Was sind die Säulen des Asylkompromisses?

1. *Das Prinzip der sicheren Drittstaaten:* Wer aus einem EU-Land oder einem sicheren Drittstaat kommt, darf sich nicht auf das Asylrecht berufen.[15]
2. *Das Prinzip der sicheren Herkunftsländer:* Wer aus einem sicheren Herkunftsland kommt, muss demnach dort nicht um sein Leben fürchten und darf sich daher ebenfalls nicht auf das Asylrecht berufen.[16]
3. *Flughafenregelung:* Eine asylberechtigte Einreise nach Deutschland ist faktisch nur per Flugzeug

möglich, da ansonsten bereits sichere Drittstaaten überquert wurden.[17]

4. *Einführung eines eigenständigen Leistungsgesetzes für Asylbewerber*innen*[18]
5. *Schaffung eines eigenen Kriegsflüchtlingsstatus:* Kriegsflüchtlinge müssen so den Prozess eines nahezu aussichtslosen Asylverfahrens nicht durchlaufen.[19]

Am 26. Mai 1993 trat die Grundgesetzänderung in Kraft und hatte eine massive Abschiebungswelle zur Folge.[20] Asylsuchende, die aus verschiedenen Gründen nicht abgeschoben werden konnten, erhielten den Status einer Duldung. Die Säulen des Asylkompromisses haben sowohl auf die deutsche als auch auf die europäische Asylpolitik bis heute Wirkung. Ein Beispiel ist die umstrittene Dublin-III-Verordnung, die 2013 verabschiedet wurde und das Verfahren festlegt, in dem bestimmt wurde, welcher Mitgliedsstaat bei einer Drittstaatsangehörigkeit oder Staatenlosigkeit für das Asylverfahren zuständig ist.[21] Dabei werden insbesondere Länder an den EU-Außengrenzen in die Pflicht genommen, da sie in der Regel als Erstes betreten werden. Diese Verordnung institutionalisiert nahezu die Einteilung in »willkommene« und »nicht willkommene« Geflüchtete.

Dieser Unterschied wurde während der Eskalation des russischen Angriffskriegs auf die Ukraine im Frühjahr 2022 sehr deutlich. Geflüchtete mit ukrainischer Staatsbürgerschaft durften sich ihr Schutzland frei aussuchen, während Nicht-EU Staatsbürger*innen nach wie vor nur in dem Land Asyl beantragen können, in welches sie als Erstes eingereist sind.

Deutschland hat es also mit der Grundgesetzänderung zum Prinzip der sicheren Drittstaaten geschafft, sich eine Schutzmauer aufzubauen, die es nahezu unmöglich macht, in Deutschland erfolgreich Asyl zu beantragen. Die Änderung des Artikel 16 GG führt zu einer weiteren Prekarisierung asylsuchender Menschen. Wie im Fall ehemaliger vietnamesischer Vertragsarbeiter*innen hatte die nahezu chancenlose Möglichkeit auf Asyl zu dem Status einer Duldung geführt, die eine ganze Generation handlungsunfähig machte.

Doch was ist mit der Aufarbeitung der Pogrome? Was ist mit den Betroffenen und mit den Opfern, die sich damals in den Gebäuden aufhielten? »Die Logik der politischen und medialen Ökonomie bringt es mit sich, dass Rostock-Lichtenhagen alle zehn Jahre aus der kollektiven Versenkung der deutschen Geschichte auftaucht, um nach einer Pflichtübung für die nächsten Jahre wieder in die Vergessenheit abzutauchen«, schrieb Kien Nghi Ha in seinem Text »Rostock-Lichtenhagen – Die Rückkehr des Verdrängten«.[22] Die Aufarbeitung der Pogrome der 1990er ist bis heute mangelhaft. Betroffene selbst waren und sind maßgeblich gezwungenermaßen dafür verantwortlich, an die Verbrechen zu erinnern. Im medialen Diskurs werden maximal zu den Jahrestagen einige journalistische Beiträge veröffentlicht, die bis zuletzt kaum Betroffene selbst zu Wort kommen lassen.

Auch werden die historische Kontinuität und die Ursachen dieser rassistischen Anschläge nur wenig thematisiert: Stattdessen werden sie als Abfolge von in sich geschlossenen Einzelereignissen minimiert und es mangelt an systemkritischer Einordnung.

Die Ereignisse sind in die kollektive Erinnerung der Betroffenen eingegangen und prägen sie, das ist jedoch nicht der Fall für die Menschen der Dominanzgesellschaft. Rassistische Gewalt ist nach wie vor ein Nischenthema und rassistische Gewalt gegenüber *asiatisch* gelesenen Menschen nahezu unsichtbar. Die deutsche Erinnerungskultur wünscht sich sehr, dass die hasserfüllten Gesichter des Rassismus der Vergangenheit angehören. Springerstiefel tragende, glatzköpfige Jugendliche und entfesselte Gewalt gehören vermeintlich in die sogenannten »Baseballschläger-Jahre«; Antisemitismus ist nach dem Fall des Nazi-Regimes vorbei.

In der öffentlichen Debatte wurde das Wort »Rassismus« lange Zeit tabuisiert. Stattdessen waren Menschen höchstens »fremdenfeindlich«, »ausländerfeindlich« oder im Zweifel »psychisch kranke Einzeltäter*innen«. Auch diese Worte sind aussagekräftig, denn »fremdenfeindlich« kann man nur »Fremden« gegenüber sein und »ausländerfeindlich« nur dann, wenn es Menschen gibt, die als nicht zugehörig, also als »außen« betrachtet werden. Aber sie sollen verschleiern, dass Rassismus nach wie vor strukturell ist und System hat – es ist eine Ablenkungstaktik genau dieses Systems.

Dethematisierung und Verschleierung dienen dazu,

vom eigentlichen Problem und von der Ursache abzulenken. Sie sorgen ebenfalls dafür, dass Betroffene stets beschäftigt sind, weil Debatten kontinuierlich bei null beginnen und für von Rassismus Betroffene immer mit einer Art Beweispflicht einhergehen. In Diskursen um rassistische Gewalt wird auch ein Mangel an Empathie für rassifizierte Menschen deutlich, die oft sogar eher für die Täter*innen reserviert ist. Das Narrativ der gesellschaftlich abgehängten, psychisch kranken Einzeltäter*innen, die ein Ventil brauchten und ebenfalls Opfer des Systems sind, hält sich wacker, wie auch zuletzt wieder beim Attentäter von Halle zu beobachten war. Dieser versuchte am 9. Oktober 2019, am höchsten jüdischen Feiertag Jom Kippur, in eine volle Synagoge einzudringen, um die Menschen, die sich darin befanden, zu töten. Dies gelang ihm nicht, da die Tür verschlossen war. Im Anschluss erschoss er zwei Menschen. Währenddessen stehen rassifizierte Täter*innen direkt stellvertretend für ganze Gruppen und lösen universelle Debatten rund um Migration und Integration aus.

Rostock-Lichtenhagen steht symbolisch für die mangelnde Sichtbarkeit und die fehlende historische Einbettung von anti-*asiatischem* Rassismus. Nach wie vor bleibt beispielsweise die wissenschaftliche Auseinandersetzung übersichtlich.[23] Wissenschaftler*innen haben wenig Anreize dazu, sich dem Thema anzunehmen, weil nicht ausreichend finanzielle Ressourcen zur Verfügung gestellt werden. Ich empfinde die derzeitige Erinnerungskultur, die nur von der *weißen* Dominanzgesellschaft geformt und mitgestaltet wird, als ausgrenzend. Das hat negative Auswirkungen auf marginalisierte Gruppen. In der Vergangenheit hielten es nur wenige Politiker*innen für wichtig genug, an den Gedenkveranstaltungen zum Pogrom in Rostock-Lichtenhagen teilzunehmen. Eine der Ausnahmen war die Grünen-Politikerin Claudia Roth, die sich als Kulturstaatsministerin dem Kampf gegen Rassismus verpflichtet sah.[23] Ebenfalls fragwürdig ist der Umgang mit den vietnamesischen Opfern des Pogroms, die in die Gestaltung der offiziellen Gedenkveranstaltungen nur wenig eingebunden werden. Abgesehen davon, dass die meisten der Opfer mittlerweile nicht mehr in Deutschland leben, weil sie kurz nach dem Pogrom abgeschoben wurden.

Das Gedenken an die Opfer rassistischer Gewalt wird überwiegend von migrantischen Selbstorganisationen übernommen. Diese sichtbar zu machen, ist ein wichtiger Schritt für eine multiperspektivische Erinnerungskultur. Meine Mutter und ich sind in der Zeit zwischen den Pogromen in Hoyerswerda und in Lichtenhagen nach Deutschland geflohen. Wenn ich sie heute frage, wie die Stimmung innerhalb der vietnamesischen Diaspora war, dann erzählt sie von Angst und Scham. Die Ereignisse haben sich in das kollektive Gedächtnis, insbesondere der in Ostdeutschland lebenden Vietnames*innen, eingebrannt. Die Angst davor, dass die eigene Wohnung, das Wohnheim, in dem man lebte, zur nächsten Zielscheibe werden könnte, war allgegenwärtig. Scham empfand meine Mutter, weil sie die Schuld bei sich suchte: Warum mussten wir auch so arm sein, und warum waren wir nicht deutsch genug?

Es ist ein absurder Gedanke, aber selbst diese hasserfüllte Gewalt gegen uns konnte nichts daran ändern, dass sie froh darüber war, überhaupt in Deutschland leben zu dürfen. Diese Demut führte dazu, dass meine Mutter und wahrscheinlich der größte Teil meiner Elterngeneration in der vietnamesischen Diaspora bis heute nicht über Rassismuserfahrungen und Ausgrenzung sprechen. Erlebte Diskriminierungserfahrungen werden heruntergespielt oder ignoriert. Das Mantra, bloß nicht auffallen und möglichst angepasst sein, ist für sie eine Schutzfunktion. Dabei zeigt die Geschichte, dass uns das Schweigen nichts nützt.

Warum gibt es so wenig Raum für unsere Erfahrungen? Warum findet selbst unter marginalisierten Gruppen so wenig Auseinandersetzung mit anti-*asiatischem* Rassismus statt, und warum werden wir in Rassismusdebatten ausgeklammert? In den vergangenen Jahren fand diesbezüglich ein Wandel statt, der vorrangig von Betroffenen selbst vorangetrieben wurde.

8
HOMOGENISIERUNG UND DER DISKURS UM CHINA

Anti-*asiatischer* Rassismus kann nicht ohne die Rolle Chinas und den damit verbundenen medialen Diskurs in Deutschland beschrieben werden. Selten wird erwähnt, dass zu den verfolgten, inhaftierten und ermordeten Minderheiten während der NS-Zeit auch Chines*innen gehörten. Besonders in Hamburg gab es eine Vielzahl an Menschen aus China, die vor allem Seefahrer*innen waren und sich ab Mitte des 19. Jahrhunderts dort niederließen. Es entstand das »Chinesen-Viertel«, ein Quartier rund um die Schmuckstraße im Stadtteil Altona. Nach der Machtübernahme der Nationalsozialist*innen verschärften sich rassistische Angriffe gegen die dort lebenden Chines*innen. Ab 1936 kam es zu verschärften Kontrollen und verstärkter Überwachung durch die Gestapo und die Kriminalpolizei. Am 13. April 1944 veranlasste die Gestapo unter dem Namen »Chinesenaktion« Massenverhaftungen im Hamburger »Chinesen-Viertel«. Chines*innen und ihre Lebensgefährt*innen wurden zunächst in ein Gestapo-Gefängnis nach Fuhlsbüttel gebracht und viele von ihnen später in das Arbeitserziehungslager Langer Morgen deportiert.[1] Andere wurden entweder nach mehreren Monaten Haft aus dem Gefängnis Fuhlsbüttel entlassen, in Arbeiter*innenkolonien oder ins Konzentrationslager Neuengamme gesteckt. Ehemalige Lebensgefährt*innen der gefangenen Chines*innen wurden abwertend als »Chinesen-Dirndl« bezeichnet oder als Prostituierte stigmatisiert und als »geschlechtskrank« ebenfalls in Konzentrationslager gebracht[2]. Bis heute gibt es kein explizites Gedenken an die Opfer.

Warum schreibe ich über chinesische Migrant*innen, wenn ich doch eigentlich die Perspektive vietnamesischer Migrant*innen aufzeigen möchte? Treibe ich damit nicht genau die Homogenisierung an, die ich kritisiere? Als einflussreicher geopolitischer Akteur, von dem viele Länder wirtschaftlich abhängen, ist es nur naheliegend, dass China hierzulande viel diskutiert und medial verhandelt wird. Das geht auch mich an, weil Menschen der Dominanzgesellschaft mich sehr oft als Chinesin lesen. Nicht selten wird von einer *asiatischen* Kultur gesprochen, als gebe es eine homogene Kultur innerhalb des größten Kontinents der Erde. Ich kann nicht anders, als mich darüber zu wundern, dass genau dieselben Menschen sich im nächsten Moment darüber streiten, was typisch sächsisch oder schwäbisch ist und dass man Deutsche nicht alle in einen Topf werfen darf.

Ich möchte nicht in die gleiche Falle tappen und die Homogenisierung *asiatisch* markierter Menschen reproduzieren, und befinde mich erneut in einem Spannungsfeld. Aber um die verschiedenen Facetten von anti-*asiatischem* Rassismus zu beleuchten, die auch in meinem Leben wirken, muss ich ebenfalls über China sprechen. Wie in Deutschland über Länder berichtet wird, beeinflusst auch unsere Wahrnehmung der Menschen, die vermeintlich aus diesem Land kommen. Die gesellschaftliche Vorstellung einer Region hat Auswirkungen auf Menschen, die vermeintlich daher kommen. Ich schreibe bewusst »vermeintlich«, um zu unterstreichen, dass eine Konstruktion des Bildes von Chines*innen hierzulande auch Menschen betrifft, die nicht aus China kommen, sondern schlichtweg *asiatisch* gelesen werden. Wird also in den Medien besonders oft negativ über ein Land berichtet, so verfestigt sich ein vereinfachtes einseitiges Bild, das wiederum zu einem Feindbild werden kann.

Laut einer Studie der Heinrich-Böll-Stiftung von 2010, also noch vor der Corona-Pandemie, wird »im Hinblick auf China das durch Medien und Bücher erzeugte Nationenbild bisher als schwankend zwischen den Polen einer (historischen) Übereuphorisierung und Exotisierung des Landes und der Konstruktion eines befremdlichen und teilweise bedrohlichen Systemgegners verortet«.[3] Dazu wurden die größten Printmedien im deutschsprachigen Raum sowie das öffentlich-rechtliche Fernsehen untersucht. Die Berichterstattung über China ist im Verhältnis zu anderen Ländern recht umfangreich, und die Studie kam zu dem Ergebnis, dass mehr als die Hälfte der Beiträge stereotypisierende Darstellungen reproduzierte, die den gesellschaftlichen Vorurteilen gegenüber China entsprächen. Klischees wie »Billigproduktion«, »Klimaverschmutzer« oder »Schurkenstaat« werden in medialen Beiträgen unkritisch wiedergegeben, anstatt hinterfragt zu werden. Gleichzeitig wird der ökonomische Aufstieg Chinas in den Welthandel positiv hervorgehoben, die damit verbundenen internationalen Beziehungen werden jedoch als gefährlich dargestellt.

Die Doppelmoral der Berichterstattung über China zeigt sich unter anderem in den Berichten über die Verletzung der Menschenrechte an den Uiguren, einer muslimischen Minderheit in China. Grausame Bilder erreichen uns hier aus den Arbeitslagern, in denen diese Menschen unter schlimmsten Bedingungen leben und arbeiten müssen. All das unter Anordnung der chinesischen Regierung. Diese wird natürlich zu Recht kritisiert. Was jedoch in der Berichterstattung in den Hintergrund rückt, ist der Einfluss deutscher Firmen wie Volkswagen in der Region. Diese profitieren wirtschaftlich von der Unterdrückung der Uiguren durch die chinesische Regierung. Trotz Kritik hält der VW-Chef Anfang 2023 an der Fabrik in der Region Xinjiang fest.[4]

Der öffentliche Diskurs rund um China hat sich seit der Corona-Pandemie erneut ins Negative verändert und stereotypisierende Erzählungen nahmen vermehrt zu. Das »China-Virus« und die Verbindung negativer Schlagzeilen mit Bildern *asiatisch* gelesener Menschen führten dazu, dass die Gewalt gegen sie seit 2020 zunahm.[5] Anfangs wurde vor allem berichtet, wie das

Covid-Virus sich in Wuhan verbreiten konnte. Dass der Kontakt zu Gürteltieren die Ursache war und daraus geschlossen wurde, Chines*innen hätten sich durch den Verzehr von Gürteltieren infiziert, passte nur allzu gut in das rassistische Bild der Essgewohnheiten ostasiatischer Menschen. Ob das die tatsächliche Ursache war und was davon wissenschaftlich belegt ist, spielte in der öffentlichen Wahrnehmung jedoch nur eine untergeordnete Rolle. Ist das Bild der Gürteltier essenden Chines*innen erst einmal gezeichnet, ist es nur schwer wieder aus den Köpfen der Menschen herauszubekommen.[6]

Laut einer Studie eines Forschungsprojekts der Humboldt-Universität, der Freien Universität Berlin und des Deutschen Zentrums für Integrations- und Migrationsforschung (DeZIM) erlebte seit dem Ausbruch der Corona-Pandemie jede zweite Person mit ost- oder südostasiatischen Bezügen Diskriminierung. Neben verbalen Angriffen handelt es sich bei elf Prozent dieser Übergriffe um körperliche Gewalt. Rund fünfzehn Prozent der Befragten in der Bevölkerung machen *asiatisch* gelesene Menschen für die rasante Ausbreitung des Virus verantwortlich.[7]

Covid-19 war nicht die erste Pandemie, für die *asiatisch* gelesenen Menschen die Schuld gegeben wurde, das war auch schon 2002 während des Ausbruchs der SARS-Pandemie der Fall. Dass beide Pandemien in China ihren Ursprung fanden, ist nach jetzigem Erkenntnisstand zwar Fakt, allerdings entschuldigt das nicht die damit einhergehende Stigmatisierung und Diskriminierung einer gesamten Bevölkerung – und derjenigen, die als zugehörig gelesen werden. Denn es findet nicht einfach eine rationale und konstruktive Betrachtung der Region, eines konkreten Ereignisses oder der Verkettung von Umständen in China statt. Die Betrachtung ist zugleich an das Bild einer vermeintlich unzivilisierten Gesellschaft geknüpft und wird auf eine Gruppe übertragen, die als homogen »*asiatisch*« wahrgenommen wird.

In der oben erwähnten Studie sagten zehn Prozent der Befragten, dass sie es unangenehm fänden, eine *asiatisch* gelesene Person in ihrer Familie zu haben, und etwa siebzehn Prozent empfinden, dass Asiat*innen ihren Kindern Werte beibringen, die in Deutschland nicht nützlich seien. Welche Werte genau gemeint sind, wird in der Studie nicht konkretisiert.

Auch ich selbst habe gemerkt, dass seit dem Ausbruch der Corona-Pandemie Mikroaggressionen zunehmen. Leute haben sich in öffentlichen Verkehrsmitteln demonstrativ nicht neben mich gesetzt oder sich, wenn es nicht anders ging, weggedreht und versucht, einen möglichst großen Abstand zu mir herzustellen. Das führte dazu, dass ich mich ab einem gewissen Punkt nicht mehr hinsetzte, um mich dieser unangenehmen Situation gar nicht erst auszusetzen. Wenn ich erkältet war und husten musste, vermied ich es, mit öffentlichen Verkehrsmitteln zu fahren – aus Angst, offen verbal angegriffen zu werden. Mikroaggressionen sind wie kleine Stiche, die dich jeden Tag treffen. Es bringt mir auch nichts, dass sich

Menschen vielleicht unabsichtlich mit ihrer Körpersprache oder ihren Blicken mikroaggressiv verhalten. Bei uns Betroffenen kommt immer die gleiche Botschaft an: Du bist anders, du bist nicht gewollt und deine Anwesenheit löst Unbehagen aus. Dieses Gefühl nahm während der Pandemie massiv zu.

Der Umgang der chinesischen Regierung war sowohl bei SARS als auch bei Covid-19 kritikwürdig, insbesondere in den früheren Stadien der Ausbrüche. Fehlende Transparenz gegenüber der breiten Öffentlichkeit sowohl innerhalb des Landes als auch der internationalen Gemeinschaft ist eine schlechte Voraussetzung, um die weitere Ausbreitung zu regulieren und einzuhegen. In beiden Fällen wurden die Erreger vom Tier auf den Menschen übertragen. Da es sich wahrscheinlich nicht um in Deutschland gewöhnliche Haustiere, sondern um Wildtiere handelte, wurde der mediale Fokus überwiegend auf die Essgewohnheiten in China gelegt. Wie auch in anderen Kontexten spiegelt die Medienberichterstattung bezüglich der Pandemie ein moralisches Überlegenheitsgefühl Deutschlands gegenüber China wider.

Im Winter 2022 nahm die Berichterstattung zur Corona-Pandemie in China hierzulande wieder zu. Infolge der Lockerungen der drei Jahre andauernden, sehr strengen Isolationspflicht im Land stiegen die Infektionszahlen wieder an. Zu dem Zeitpunkt waren auch in Deutschland kaum noch Corona-Maßnahmen mehr vorhanden. Aber auch als die Einschränkungen in China noch galten, füllten Berichte über das Land die Schlagzeilen, da zum Teil ganze Städte komplett abgeriegelt wurden und die Menschen monatelang ihre Wohnungen nicht verlassen durften. Die Berichterstattung neigte dazu, negative Aspekte besonders zu betonen.

Dieser öffentliche Diskurs hat reale Konsequenzen im Leben *asiatisch* gelesener Menschen: Auf *ichbinkeinvirus.org* kann man unzählige Erfahrungsberichte nachlesen. So berichtete 2021 eine Person dort Folgendes:

> *Mittlerweile hat dieser Rassismus jedoch nahezu absurde Züge angenommen. Ich war in den letzten neun Tagen exakt drei Mal einkaufen – um dabei zwei Mal direkt darauf hingewiesen zu werden, dass ich als Mensch »irgendwie asiatischer Abstammung« entweder direkt mit für den Ausbruch verantwortlich bin und daher bestraft gehöre oder definitiv das Virus in mir tragen muss – als wäre es irgendeine Form eines Gendefekts.*

Weiter heißt es:

> *Situation 1: älterer Mann im Gespräch mit jungem Supermarktmitarbeiter (augenscheinlich ebenfalls mit Migrationshintergrund) im Eingangsbereich; mit Blick und Zeigefinger auf mich gerichtet: »Wieso dürfen DIE denn noch hier rein?« Antwort: »Noch können wir hier ja niemanden einfach so rauswerfen!« mit einem Zwinkern in meine Richtung. Das*

Zwinkern sollte wohl andeuten, die Antwort sei nicht ganz ernst gemeint. Schön und gut. Die Frage war es dennoch; und von dem Zwinkern weiß der ältere Mann nichts.[8]

China steht als eine Art Chiffre für bestimmte gesellschaftliche Problemlagen. Nach »Klimasünder« oder »Billigproduzent« war die Bezeichnung »China-Virus« ziemlich naheliegend. In Artikeln großer Magazine im deutschsprachigen Raum waren *asiatisch* markierte Personen mit reißerischen Überschriften abgebildet – wie auf dem Titel der *Spiegel*-Ausgabe 06/2020 »Corona-Virus made in China. Wenn die Globalisierung zur tödlichen Gefahr wird«[9] oder in Artikeln wie in der *Süddeutschen Zeitung* vom 26. Dezember 2022: »Wie die Führung in Peking mit Menschenleben spielt – nicht nur im eigenen Land«.[10] Die Fülle negativ konnotierter Presse über China schürt hierzulande anti-*asiatischen* Rassismus und bedient bereits verankerte Stereotypen und Klischees.

Wenn auf dem Social-Media-Account eines Nachrichtendienstes über China oder andere ostasiatische Länder berichtet wird, dann sind rassistische Kommentare vorprogrammiert. So fand ich unter einem Post zur K-Pop-Band BTS Folgendes: »Ich hasse keine asiatischen Menschen. Ich hasse nur asiatische Männer, die man nicht von Frauen unterscheiden kann«, »Erstmal sollten die Asiaten ihre Augen öffnen« oder »Einmal Ente süß-sauer bitte«. Ich glaube, es spielt keine Rolle, wie oft man diese rassistischen Beleidigungen hört oder liest, ich werde mich nie daran gewöhnen, und ich möchte mich auch nicht daran gewöhnen müssen.

Eine Eigenschaft von Rassismus ist es, Menschen anhand ihres Phänotyps zu homogenisieren. Wie oft musste ich mir anhören, dass »wir« alle gleich aussehen würden und man »uns« gar nicht voneinander unterscheiden könne. Wie oft wurde mir die Frage gestellt, ob ich den Unterschied zwischen Japaner*innen, Chines*innen, Vietnames*innen und Thailänder*innen erkennen könne. Menschen gehen davon aus, dass mein Nachbar, der *asiatisch* gelesen wird, mit mir verwandt ist. Meine Friseurin stellte mir beim Smalltalk ganz selbstverständlich die Frage, ob ich denn Frau Nguyen kenne, die auch in der Stadt wohnt, wir trügen ja immerhin denselben Nachnamen. Auf die Rückfrage, ob sie denn jede Person kenne, die Schmidt heißt, verneinte sie verlegen.

Eine beliebte Annahme ist auch, dass ich neben Vietnamesisch auch beliebige andere Sprachen wie zum Beispiel Thai verstehen würde. Eine einzelne Frage dieser Art ist nicht das Problem. Aber die Ansammlung, nahezu täglich und auf das gesamte bisherige Leben verteilt, wird zum Problem. Diese rassistischen Strukturen beginnen sich bereits im Kindesalter zu zeigen.

Als Kind lernte ich das Lied »Drei Chinesen mit dem Kontrabass«, und ohne es genau einordnen zu können, löste es bereits Unbehagen in mir aus. Das Lied wird in vielen Varianten mit jeweils unterschiedlichen Vokalen, Zwielauten oder Umlauten gesungen, indem beispielsweise alle Vokale durch »E«s ersetzt werden. Betrachte ich heute die Form und den Inhalt des Liedes genauer, so fallen mir vor allem zwei Aspekte auf.

Die Situation beginnt zunächst unverfänglich. Drei Chines*innen spielen auf der Straße Kontrabass, was prinzipiell kein Problem darstellen sollte. Allerdings kommt die Polizei vorbei und greift ohne bestimmten Anlass ein, es könnte sich um eine Form von *Racial Profiling* handeln. *Racial Profiling* ist eine Praxis, bei der willkürliche Polizeikontrollen auf Basis von Herkunft und Hautfarbe, anstatt auf einem tatsächlichen Tatverdacht durchgeführt werden. Das ist in Deutschland offiziell verboten, weil es sowohl gegen das Grundgesetz, in dem laut Art. 3 Abs. 3 GG alle Menschen gleich behandelt werden müssen, als auch gegen die Anti-Rassismus-Konvention der Europäischen Menschenrechtskonvention verstößt.[11]

In einer älteren Version von vor dem Zweiten Weltkrieg ging es in dem Lied um Japaner*innen – »Drei Japanesen mit 'nem Bass« wurde etwa gesungen. Eine weitere Variante war »Drei Japaner ohne Pass«.[12] Ein deutliches Zeichen für Ressentiments gegen Japaner*innen, die sich zu dieser Zeit in Deutschland aufhielten. Da Deutschland während des Zweiten Weltkriegs eine Waffenbrüderschaft mit Japan schloss, wurde der Text zu der Version, die wir heute kennen, abgeändert.[13]

Die Umdichtung des Textes von »Japanesen« zu »Chinesen« zeigt die intendierte Abwertung einer ganzen Personengruppe, welche das Lied prägt. Sucht man heute online nach diesem Lied, finden sich dazu unzählige stereotypisierende Darstellungen. Meistens ist die Haut der Figuren komplett gelb und die Augen sind als schräge Striche gezeichnet. In manchen Versionen sieht man zusätzlich noch Affenohren, Stäbchen in den Haaren oder einen Strohhut.[14]

Der zweite problematische Aspekt ist die inhaltliche Verknüpfung der beabsichtigten falschen Aussprache von Wörtern. Hier wird die abwertende Wahrnehmung verfestigt, dass Chines*innen kein richtiges Deutsch sprächen oder generell sprachlich nicht bewandert seien. Dieses rassistische Klischee wird von Nicht-Betroffenen zum Beispiel auch als Meme verwendet. Martin Sonneborn, ehemaliger PARTEI-Spitzenkandidat, ließ sich mit einem T-Shirt ablichten, auf das »Au widelsehern, Amlerika! Habem Sie Guter FrLug runtel. Plinted in China fü DIE PALTEI« gedruckt ist.[15] Dass *asiatisch* gelesene Menschen bestimmte Wörter vermeintlich nicht aussprechen können, ist eine gängige Form des Alltagsrassismus.

Wenn Kinder bereits diese Bilder vermittelt bekommen, werden sie unbewusst weitertransportiert, das ist der dritte problematische Aspekt. Für Betroffene ist es schwer, ein scheinbar unschuldiges Kinderlied zu kritisieren, da diese Kritik oft auf Widerstand trifft. Sie sei übertrieben oder einfach nicht nachvollziehbar. Es sei ja nur ein Kinderlied, und Kinder seien unvoreingenommen. Oder: Das sind wertvolle Kindheitserinnerungen, die man sich nicht nehmen lassen möchte. Wenn aber ein einziges *asiatisch* markiertes Kind in einer Gruppe sitzt, die »Drei Chinesen mit dem Kontrabass« singt, dann gibt es genau einen persönlichen Bezug, den diese Kinder mit chinesischen Personen haben: dieses eine *asiatisch* markierte Kind. Das Kind hat keine andere Wahl, als sich mit diesem Bezug auseinanderzusetzen, und das ist für ein Kind nur schwer zu verstehen. Damals fragte ich mich: Warum werde ich mit den Chines*innen aus dem Lied in Verbindung gesetzt, obwohl ich doch aus Vietnam komme? Gäbe es neben diesem Lied auch weitere, die beispielsweise von Vietnames*innen oder Kambodschaner*innen handeln würden, sähe es mit der Wahrnehmung anders aus. Doch es gibt nur dieses eine deutsche Kinderlied und die Projektionsfläche umfasst nicht nur Menschen aus China.

Wie so viele vietnamesische Kinder meiner Generation bin ich zweisprachig aufgewachsen. Außerhalb meiner Familie Vietnamesisch zu sprechen, war allerdings immer mit Diskriminierungen verbunden. Der Ausspruch: »Ching chang chong« steht sinnbildlich für diese Diskriminierung, die wiederum ebenfalls bei »Drei Chinesen mit dem Kontrabass« reproduziert wird. Anhand dieses Liedes lassen sich einige Formen anti-*asiatischen* Rassismus sehr gut verdeutlichen, und auch wenn die Intention eine andere gewesen sein mag, so sollte die Wirkung in der aktuellen Zeit Grund genug sein, sich kritisch damit auseinanderzusetzen. Die Gesellschaft entwickelt sich weiter, was sehr gut ist. Dazu gehört jedoch auch, dass vor Jahrzehnten geschriebene Geschichten, Kinderlieder und verfestigte Gewohnheiten stetig reflektiert und hinterfragt werden und im Zweifel der Vergangenheit angehören sollten. Dieser Prozess ist natürlich schmerzhaft und anstrengend, und doch sind es von Diskriminierung betroffene Menschen, die viel mehr Anstrengung und schmerzhafte Erfahrungen machen müssen, bis ein Umdenken stattfindet.

Asiatisch markierte Kinder erleben von klein auf rassistische Zuschreibungen. Wie bereits zuvor beschrieben, werden sie als besonders fleißig und lernbereit gesehen. Das äußert sich auch in einem Bild, das 2011 von der chinesisch-amerikanischen Juristin Amy Chua an die breite Öffentlichkeit gebracht wurde und ihr weltweit großen Erfolg einbrachte. Mit ihrer Autobiografie *Battle Hymn of the Tiger Mother* (auf Deutsch: *Die Mutter des Erfolgs: Wie ich meinen Kindern das Siegen beibrachte*) prägte sie das Bild der sogenannten »Tiger Mom«, die eine strenge chinesische Erziehungskultur pflegt. Das Bild dieser Mütter ist auch in Deutschland eher negativ konnotiert. In der *Süddeutschen Zeitung* heißt es in einem Artikel zu dem Buch: »Sie sind außerhalb Asiens etwa so beliebt wie Pickel beim Abschlussball: Jene Mütter, die ihre Kinder mit Disziplin, Drill und Verboten zu akademischen Höchstleistungen antreiben.«[16]

Auslöser für diese Erziehungsdebatte war der Umstand, dass es immer mehr chinesische Studierende in den USA gab, die als besonders fleißig angesehen wurden und Höchstleistungen erbrachten. Dabei wurde allerdings außer Acht gelassen, dass gerade diejenigen im Ausland studieren können, die sehr gute Leistungen erbracht haben. Außerdem müssen die Familien über viel Geld verfügen, denn das Studium in den USA ist für ausländische Studierende noch mal um ein Vielfaches teurer als für Einheimische.[17] Unter diesen Voraussetzungen ist es meines Erachtens völlig zu vernachlässigen, woher die Studierenden kommen.

Nichtsdestotrotz gibt es also speziell in Bezug auf chinesische Studierende in den USA das Narrativ, dass sie durch Disziplin und strenge Erziehung diese besonderen Leistungen erbringen. Nach und nach zogen Mitte der 2000er gemeinsam mit den Studierenden immer öfter auch deren Mütter in die USA, um ihre Kinder während des Studiums zu unterstützen. Das Buch von Chua löste in den USA sowie in Europa eine Welle der Empörung aus, denn ihr überspitzt dargestellter »chinesischer« Erziehungsstil besteht unter anderem darin, ihren Kindern damit zu drohen, bei Ungehorsam ihre Kuscheltiere zu verbrennen oder sie stundenlang und ohne Pause ein Klavierstück üben zu lassen. In unzähligen Interviews beteuert die Autorin, dass diese Überspitzung beabsichtigt war und nicht unbedingt die Realität abbildete. Dennoch gab es für viele Menschen einen Anlass, die Autorin wegen ihres Erziehungsstils zu verteufeln und ihr gar den Tod zu wünschen.

Ich möchte an dieser Stelle nicht bewerten, ob der von

Chua beschriebene Erziehungsstil wünschenswert ist oder nicht. Solange den Kindern nicht geschadet wird, ist Erziehung eine sehr individuelle Entscheidung. Es ist allerdings auffällig, dass die »Tiger Mom« als hochproblematisch und dramatischer betrachtet wird als das deutsche Pendant der »Helikopter-Eltern«. In beiden Fällen werden Kinder nicht zur Selbstständigkeit erzogen, sondern von den Eltern überwacht, übermäßig eingeschränkt und umsorgt. Hier zeigt sich wieder die Überzeugung von Menschen in westlichen Ländern, dass es automatisch schlechter ist, wenn Dinge anders gehandhabt werden, als sie es gewöhnt sind. Dass Eltern ihre Kinder zum Lernen zwingen oder dazu drängen, ein Instrument zu spielen, ist nicht einzig bei einer »Tiger Mom« zu beobachten. Chua führte in einem Interview in der *Wirtschaftswoche* außerdem ihre Grundsätze aus, die ich beim Lesen nicht als besonders streng oder radikal empfinde. Sie sind lediglich anders priorisiert. Sie sagte:

> *Am wichtigsten sind hohe Erwartungen. Damit signalisiere ich meinen Kindern, dass ich unerschütterlich an sie glaube. Zweitens wachsen meine Kinder ein bisschen langsamer und traditioneller auf als westliche Kinder. Sie haben viele Freunde und sind sehr beliebt – aber sie verbringen nicht so viel Zeit bei anderen Leuten. Drittens lasse ich es niemals durchgehen, dass meine Kinder schlechte Leistungen durch Ausreden entschuldigen. Viertens sage ich immer aufrichtig meine Meinung, und fünftens bin ich*

überzeugt davon, dass Kinder im Alter von acht bis vierzehn viel Struktur und wenig Auswahlmöglichkeiten brauchen.[18]

Das Othering* dieser Erziehungsmethode ist eine willkommene Möglichkeit, die Stereotype von *asiatisch* gelesenen Personen zu reproduzieren. Schließlich betrachtet man sowieso schon mit Argwohn die ganzen fleißigen Musterschüler*innen aus China oder anderen Ländern Ost- und Südostasiens. Natürlich muss eine militante Erziehungsmethode dahinterstecken, die hierzulande als rückschrittlich und grausam eingestuft wird. Warum wurde all das zu einem Skandal? Es ist nicht nur die Art und Weise, wie Chua ihre Kinder erzieht, sondern auch die Tatsache, dass sie dies selbstironisch, aber auch selbstbewusst nach außen trägt. Die Angst vor der Beeinflussung vermeintlich »unzivilisierter« Praktiken auf andere Mütter dürfte ein weiterer Faktor gewesen sein. Dabei ist diese vermeintliche »Gefahr« historisch begründet.

Die »gelbe Gefahr« als implizierte Abwertung ostasiatischer Menschen war in der Kolonialzeit ein Mittel, um Angst und Unmut insbesondere gegen Chines*innen zu

---

* Othering, aus dem Englischen: »Andersmachung«, ein Begriff aus der postkolonialen Theorie, bedeutet die Differenzierung und Distanzierung zu anderen Gruppen, um die eigene »Normalität« zu bestätigen.

schüren. 1897 kreierte der Soziologe Jacques Novikow dieses Pejorativum.[19] Kaiser Wilhelm II. fertigte 1895 Skizzen für ein Gemälde an, das später vom Künstler Hermann Knackfuß unter dem Namen *Völker Europas, wahret eure heiligsten Güter* umgesetzt wurde, auf dem ein gelber Buddha mit dunklen Gewitterwolken als Gefahr für europäische Staaten dargestellt wird. Die Kontinuität zieht sich durch die europäische Geschichte. Apokalyptische Assoziationen mit der »gelben Gefahr« oder dem »gelben Schrecken« wurden von unterschiedlichen Figuren verbreitet. Karl Marx schrieb: »Ein Menschenkopf gilt einem Taiping nicht mehr als ein Kohlkopf.«[20] Napoleon reproduzierte das Angstbild mit seiner Aussage: »Wenn der gelbe Drache eines Tages erwacht, erzittert der Erdkreis.«[21] Wilhelm II. rief in seiner sogenannten »Hunnenrede« zur Niederschlagung des Boxeraufstands auf. Dabei ist die Bezeichnung »Hunnen« irreführend, denn mit ihnen hatte die Eskalation nichts zu tun. Der Boxeraufstand waren Ressentiments der sogenannten »Boxer«, chinesisch-nationalistischer Freiheitskämpfer*innen namens *Yihetuan*, gegen westliche Großmächte und deren christlichen Missionare in China. Die Rede ist aufgrund ihrer drastischen Aussagen bezüglich der Gruppe der »Hunnen« von außerordentlicher historischer Bedeutung.

Problematisch ist die Bezeichnung »Hunnenrede« wegen ihrer Pauschalisierung allemal. Die Dämonisierung dieser Gruppe mit der gleichzeitigen Überzeugung, ein als kolonisiert betrachtetes Land dürfe keinen Aufstand gegen die Kolonisierenden wagen, führte letztlich dazu, dass der Boxeraufstand mit einer Grausamkeit beendet wurde, die den Deutschen während des Ersten Weltkriegs ironischerweise den Namen »the huns« als Symbol für ihr barbarisches Verhalten einbrachte.

9

MEIN AUSSEHEN IST KEIN TREND!

Seitdem ich denken kann, bekomme ich zu spüren, dass meine äußere Erscheinung nicht in Ordnung ist. Hier in Deutschland war ich immer die kleine »Asiatin«, die eben anders aussieht. Bei meiner Familie in Vietnam eine »Việt Kiều«, die zu viel auf den Rippen hat. Ich las Kinderbücher und wünschte mir so sehr, blond zu sein und eine helle Hautfarbe zu haben, um mich mit den Figuren identifizieren zu können. In der Grundschule war stets klar, dass ich Mulan oder Sailor Mars sein musste, während alle anderen sich jede Schulpause aufs Neue darum streiten durften, wer sie sein möchten. Wie viele andere wollte ich auch mal eine andere Haarfarbe haben. Vollgepackt mit Tönungen, verbrachten wir die Nachmittage bei Freund*innen, um uns bunte Haare zu verpassen. Maria bekam ihre blauen, Lena ihre pinken. Aus meinen blonden wurde nichts, denn eins lernte ich schnell: Die meisten Kosmetikprodukte waren für alle anderen, nur nicht für mich.

Ich habe es gehasst, mich auf Klassenfotos zu sehen,

weil ich jedes Mal das Gefühl hatte herauszustechen, aber gleichzeitig unsichtbar zu sein. Denn Liebesbriefe erhielten die Marias und Lenas in meiner Klasse, weil sie aussahen wie die Mädchen in den Zeitschriften.

Durch fehlende Identifikationsfiguren ist mir schon als junger Mensch ein großes Stück Leichtigkeit und Zugehörigkeit verloren gegangen. Ich habe seitdem verinnerlicht, dass ich mehr tun und mich mehr anstrengen muss, um dem nahezukommen, wie alle anderen sind. Um dann am Ende doch feststellen zu müssen, dass ich niemals so aussehen werde wie sie.

Und trotzdem erwische ich mich noch heute dabei, Produkte zu kaufen, die mich anders aussehen lassen sollen, als ich bin. Die von *weißen* Menschen beworben werden und auch nur für sie gemacht sind.

Selbst wenn es vermeintlich Kleinigkeiten sind, wie die zwanzigste Hose kürzen oder Puderfarben selbst mischen zu müssen, sind es in der Summe sehr viele Bemühungen. Und jedes Mal sagt mir eine Stimme, die ich von klein auf kenne:

Du bist nicht genug. Du bist nicht schön. Du bist unsichtbar.

Ich bin ein typisches Kind der 1990er. Boy- und Girlbands, die *Bravo*, Castingshows und Idole wie Britney

Spears oder Christina Aguilera gehörten bereits in der Grundschule zu meinem Alltag. Damit entstand auch zum ersten Mal eine Schnittmenge zwischen meinem Leben in der Schule und dem zu Hause. Meine Mutter hörte ebenfalls gern die Musik von den Backstreet Boys oder N'Sync und fieberte im *Deutschland-sucht-den-Superstar*-Finale mindestens genauso mit wie ich. In den Schulpausen tanzten meine Schulfreund*innen und ich die gleichen »... Baby-One-More-Time«-Choreografien nach wie in den Fluren des Plattenbaus, in denen ich mit meinen migrantisierten Freund*innen die meisten Nachmittage verbrachte.

Wenn es darum ging, wer welchen Part der Choreografien tanzen durfte, ging es allerdings selten um das Talent oder um Vorlieben, sondern immer ums Aussehen. Nick durfte natürlich nur meine blonde *weiße* Freundin tanzen, und am Ende blieb mir meistens nur Howies Position übrig. Er war das einzige nicht-*weiße* Bandmitglied – mit puerto-ricanischen Wurzeln und leider auch der unbeliebteste mit den wenigsten solistischen Gesangsparts. Diese Hierarchisiserung kann man in vielen Bands dieser Zeit beobachten, wenn die Mitglieder mal nicht alle *weiß* oder zumindest *white passing* waren.* Eine Ausnahme sind die Spice Girls, die mit

* *White passing* beschreibt Personen, die als *weiße* Person ohne Migrationsgeschichte und ohne rassifizierte Elternteile gelesen werden und daher Privilegien der *weißen* Dominanzgesellschaft besitzen.

Mel B (»Scary Spice«) zumindest eine Schwarze Frau dabeihatten, die bei den meisten Fans beliebt war, auch wenn die Bezeichnung »Scary« eher eine negative Konnotation hat. Repräsentation spielt, insbesondere in der Kindheit, im wahrsten Sinne des Wortes eine große Rolle, denn Rollenspiele gehörten bis ins Jugendalter hinein zu unseren größten Freizeitaktivitäten. Welche Rollen beliebt waren, welche Figuren wir schön fanden und welchen Idolen wir nacheiferten, wurden schon damals von Repräsentation und kolonialen Denkmustern beeinflusst.

Die Prinzessinnen in Walt-Disney-Filmen waren vorwiegend *weiß*, schön, rein, gutmütig, sanft und unschuldig. Anders verhielt es sich mit nicht-*weißen* Figuren wie Pocahontas oder Mulan: Kämpferinnen, die nur in bestimmten Geschichten und Kontexten als Hauptfiguren akzeptiert waren. Ein *asiatisch* gelesenes Dornröschen oder ein Schwarzes Schneewittchen sind bis heute undenkbar, wie die hitzige Diskussion rund um die Schwarze Schauspielerin Halle Bailey gezeigt hat, die in einer Neuverfilmung die Rolle der Arielle spielt.

In meiner Kindheit gab es keine Berühmtheiten und keine Märchenfiguren, die so aussahen wie ich. Selbst in der beliebten japanischen Anime-Serie *Sailor Moon* sind alle Figuren *white passing* – mit *weißer* Haut, großen Augen und schmalen Nasen. Dass ich mich nie als schön empfand, ist politisch. Denn der Maßstab für Schönheit ist eurozentrisch und westlich geprägt und schließt Menschen wie mich aus. Die Folge waren jahrelange

Ausgrenzungs- und Mobbingerfahrungen. Rassistische Beleidigungen wie »Schlitzauge« oder »Plattnase« gehörten zu meinem Alltag und führten dazu, dass ich die Merkmale, die mich unter anderem ausmachten, verabscheute und als hässlich empfand.

Als Kind konnte ich zum Teil sogar nachvollziehen, dass die anderen meine kleine rundliche und platte Nase und meine schrägen schmalen Augen nicht mochten. Denn die Prinzessinnen und Held*innen unserer Kindheit sahen eben alle anders aus. Im Gegensatz dazu kamen meine äußeren Merkmale den Bösewichten näher. Betrachtet man zum Beispiel die Antagonistin Cruella de Vil aus dem Disney-Film *101 Dalmatiner*, so erinnern ihre schmalen Augen und die platte Nase mit den sichtbar größeren Nasenlöchern doch sehr an stereotype ostasiatische Gesichtszüge. Generell findet sich in Trickfilmen oft die Gegenüberstellung der *weißen* europäischen, heteronormativen guten Protagonistin und der nicht-*weißen*, teilweise auch queer gelesenen Antagonistin wie Ursula in *Arielle, die Meerjungfrau*. Ein besonders absurdes Beispiel sind die Bösewichte Si und Am im Film *Susi und Strolch*, zwei Katzen, die mit Essstäbchen Klavier spielen. Auch die schrägen und schmalen Augen und das dunklere Fell des bösen Bruders Scar in *König der Löwen* stehen im Kontrast zu den guten Löwen und sollen seine Hinterlist und Rachsucht unterstreichen. Sehr drastisch ist auch die Darstellung der »Hunnen« in *Mulan*. Es handelt sich um einen Stammesbund von Reiternomaden, der »im späten 3. und frühen 2. Jahrhundert v. Chr. einen Großteil Asiens unter seiner Herrschaft [vereinte]« und gegen den Mulan auf der guten Seite kämpft.[1] Die Hunnen werden mit überzogen gräulich-gelber Hautfarbe und zu Schlitzen geformten Augen als brutale Monster ohne jegliche Menschlichkeit dargestellt.

Diese Diskriminierungsformen sind so tief in unserer Gesellschaft verankert, dass die Reproduktion unbewusst geschehen kann. Gerade in den 1980ern oder 1990ern, also in der Popkultur meiner Kindheit, war die Sensibilität für rassistische Stereotypen noch weniger ausgeprägt als heutzutage. Sehgewohnheiten führen dazu, dass wir bestimmte Merkmale als schön, nachahmens- und begehrenswert, oder als hässlich empfinden. Das spiegelte sich darin wider, dass Howie ein weniger beliebtes und sichtbares Mitglied der Backstreet Boys war. Es führte auch dazu, dass ich nicht zu den begehrten Mädchen gehörte, die Liebesbriefe bekamen. Eine weitere Ebene, auf der ich und viele andere, die nicht dem Schönheitsideal entsprachen, unsichtbar waren.

Weiße makellose Haut, glattes weiches Haar, ein schlanker Körper und feine Gesichtszüge als besser und begehrenswert zu betrachten, ist ein Resultat des westlich-christlichen Kolonialismus. Diese Merkmale wurden den Schwarzen, dick_fetten Körpern kolonisierter Menschen aus Afrika gegenübergestellt. Im Kolonialismus bestimmten äußere Merkmale darüber, welches Leben schützenswert ist und welches entmenschlicht, als »abartig« und minderwertig betrachtet wurde. Diese »Unterschiede« wurden als Rechtfertigung für die unmenschlichen Praktiken von Kolonialismus, Versklavung, Menschenhandel und Genoziden benutzt. Schönheitsideale sind also nicht nur eine Frage des Geschmacks oder eines Trends, sondern können überlebensnotwendig sein. Auch in ost- und südostasiatischen Ländern, insbesondere in den ehemaligen kolonisierten Gebieten wie Vietnam oder Thailand, verfestigte sich dieses Schönheitsideal. Es spiegelt sich bis heute im Schönheitsempfinden wider und legt die Grundlage für eine milliardenschwere Schönheitsindustrie: von *Whitening-Cremes* über Fitness- und Diätprogramme bis hin zu Schönheits-OPs aller Art.

Es ist kein Zufall, dass Länder wie Korea, ein Trendsetter Ostasiens, zu den führenden Produzenten für hautaufhellende Mittel gehören, da diese ein milliardenschwerer Markt sind. Auch in afrikanischen sowie westasiatischen Ländern gibt es einen großen Absatzmarkt. Mit Mode- und Schönheitstrends knüpft man an den menschlichen Wunsch an, begehrenswert zu sein und als schön empfunden zu werden. Dieser Wunsch betrifft insbesondere Frauen, da sie im Patriarchat unter enormem Druck stehen, schön auszusehen, um keine zusätzlichen sozialen und wirtschaftlichen Nachteile zu erfahren. Auch Männer können von Schönheit als kapitalistischem Wert profitieren, werden aber weniger hart bestraft als Frauen, die der Schönheitsnorm nicht entsprechen.

Noch härter werden Schwarze und andere nicht-

weiße Frauen dafür bestraft. Das westliche Schönheitsideal ist so resistent, weil es wie andere Rassismen individualisiert wird: Sätze wie »Schönheit liegt im Auge des Betrachters« oder »Wahre Schönheit kommt von innen« täuschen darüber hinweg, dass Schönheit keineswegs individuell und nebensächlich ist. Schönheit ist politisch strukturell bestimmt – und das auf einer globalen Ebene. Ideale halten sich über Generationen hinweg und entscheiden nicht nur über den Wert eines Menschen, sondern auch über die Empathie, die ihm entgegengebracht wird.[2] Schönen Menschen glaubt man, ist ihnen zugewandter und traut ihnen weniger zu, dass sie sich schlecht verhalten. Menschen, zu denen man aufschaut, sind in den meisten Fällen, insbesondere wenn es Frauen sind, schön. Wie soll es auch anders sein, wenn man schon als Kind in Filmen sieht, dass Prinzessinnen alle schön und makellos sind?

In Südkorea ist es normalisiert, dass Frauen sich die Augen operieren lassen, um dem Schönheitsideal zu entsprechen. Familien kalkulieren die Ausgaben für die beliebte Lidfalten-OP dafür selbstverständlich ein, wenn sie Töchter haben. Weil die Investition aber nur für bestimmte gesellschaftliche Gruppen möglich ist, werden auch innerhalb nicht-*weißer* Gesellschaften Menschen auf Basis westlicher Schönheitsideale unterdrückt und benachteiligt. Die meisten jungen Frauen in Südkorea lassen sich nach dem Schulabschluss und vor dem Start des Studiums operieren, um später auf dem Arbeitsmarkt bessere Chancen zu haben. Sozio-ökonomischer Aufstieg ist in eher patriarchal geprägten Ländern sehr eng an das Aussehen geknüpft. Auch im Iran gibt es ein ähnliches Phänomen, etwa sechzig Prozent der Iraner*innen haben sich Schönheits-OPs unterziehen lassen, besonders beliebt ist hier eine Verkleinerung der Nase.[3]

Beautytrends fangen oft harmlos an, zum Beispiel in Form von Make-up-Tipps oder speziellen Ernährungsformen. Zudem gibt es für jeden Trend auch die Möglichkeit eines chirurgischen Eingriffs. Die Normalisierung von Schönheits-OPs und Kosmetikprodukten wird durch soziale Medien bestärkt[4], da nun nicht nur bestimmte Firmen dafür werben, sondern auch Influencer*innen oder Reality-TV-Stars, denen man sich auf persönlicher Ebene näher fühlt, ganz unaufgeregt dafür werben. Die globale Vernetzung dieser Plattformen treibt die Verbreitung des westlichen Schönheitsideals weiter an. Immer mehr Menschen gefährden ihr Leben mit gesundheitsschädlichen Eingriffen, die sogar Todesopfer zur Folge haben. Die OP für einen Brazilian Butt Lift birgt beispielsweise große gesundheitliche Risiken.[5] Trends können allerdings auch in eine andere Richtung gehen, nämlich indem Merkmale von nicht-*weißen* Menschen angeeignet werden. Beispiele sind die bereits erwähnte OP eines Brazilian Butt Lift oder Ariana Grande, die sich in Schuluniform und schmal geschminkten Augen ostasiatisch darstellt. Gegen Arianas *asian fishing* gab es sogar eine Petition.[6] Doch wer setzt diese Trends und wer hat die Macht, darüber zu entscheiden, was gerade schön ist und was nicht? Dieses Machtgefälle wird deutlich, sobald man an Trends denkt, die auf dem Aussehen oder auf der Kultur nicht-*weißer* Menschen beruhen.

Die Schwestern Bella und Gigi Hadid gehören zu den erfolgreichsten Beauty-Influencerinnen weltweit und sind maßgeblich für den sogenannten Fox-Eyes-Trend, der 2020 große Aufmerksamkeit bekam. Bei diesem werden die Augen so geschminkt, dass sie an die Augenform vieler ostasiatischer Menschen erinnern.[7] Der Name ist daher etwas irreführend, weil die Ähnlichkeit zu Fuchsaugen nicht sehr ausgeprägt ist.

Die Hadid-Schwestern stehen für eine neue Generation Models, die nicht nur auf Laufstegen zu finden sind und sich für Kampagnen von High Fashion Brands ablichten lassen, sondern sie setzen auch gesellschaftliche Trends. Sie sehen nicht nur gut aus, sondern vertreten auch eine Haltung und wirken gleichzeitig wie Freundinnen von nebenan, weil sie auf ihren vermeintlich selbst betriebenen Social-Media-Kanälen einen persönlichen Einblick in ihren Alltag und in ihr Privatleben geben. Daher ist es nicht besonders überraschend, dass Trends, die sie anstoßen, weltweit auf Resonanz treffen.

Für den Fox-Eyes-Trend schminkt man sich mithilfe eines Eyeliners die Augen so, dass sie eine »mandelförmige« Erscheinung bekommen. Der Lidstrich wird von innen bis etwa zum Dreiviertel des Lids und danach gerade in Richtung Schläfe schräg hochgezogen. Zu diesem Trend gibt es mittlerweile auch eine Schönheits-OP, bei der die Augen mit einer bestimmten Fadentechnik künstlich angeschrägt und seitlich nach oben zur Schläfe gezogen werden. Oft wird der Look in der sogenannten »Migränepose« inszeniert, bei der mit den Händen an den Schläfen die Augen zusätzlich nach oben gezogen werden, um die schlitzartige Form noch zu verstärken.

Diese Augenform ist für *asiatisch* gelesene Menschen in Europa oder Nordamerika mit Diskriminierung verbunden. Sprüche wie »Könnt ihr überhaupt richtig sehen?« oder »Mach mal die Augen richtig auf!« gehören zu meinem Alltag. Schon als Kind begegneten mir fremde Menschen auf der Straße mit »Konichiwaa!«, zogen ihre Augen mit den Fingern schräg nach oben und streckten ihre Zunge raus. Das hat sich bis heute nicht geändert. Die Bezeichnung »Schlitzaugen« impliziert nicht nur eine Abweichung vom westlichen Schönheitsideal, sondern auch eine vermeintliche Veränderung der Sicht (was eine Intersektion zwischen Rassismus und Ableismus darstellt). Jahrelang wuchs ich auch innerhalb meiner Familie mit den Komplimenten auf, meine Augen seien ja im Vergleich zu denen meiner Verwandten viel größer und damit schöner. Aber sie näherten sich dem westlichen Schönheitsideal nur an und entsprachen diesem nie. Früher waren in ostasiatischen Ländern wie Korea oder Japan schmale und lang gezogene Augen ein Schönheitsideal.

Als der Fox-Eyes-Trend weltweit über TikTok bekannt wurde und unzählige Tutorials dazu auftauchten, stieß er auch auf Widerstand. Insbesondere die ostasiatische

Community fragte, warum etwas, wofür man selbst bis heute diskriminiert und angegriffen wird, plötzlich zu einem wünschenswerten Schönheitstrend wächst? Und warum ist der Trend nur dann wirksam, wenn ihn Menschen tragen, die keine ostasiatischen Wurzeln haben?

Dieses Phänomen wird auch als kulturelle Aneignung bezeichnet und taucht in verschiedenen Lebensbereichen auf. Menschen der Dominanzgesellschaft beziehungsweise der dominanten Kultur haben die Macht, darüber zu entscheiden, welche kulturellen Artefakte wie Traditionen, Kleidungsstücke oder im weiteren Sinne auch äußere Merkmale von Menschen subdominanter Kulturen herausgegriffen und akzeptiert werden und welche nicht. Kulturelle Aneignung ist ein Begriff aus der Ethnologie und geht auf die in den 1970ern entstandenen Cultural Studies zurück.

Eine machtkritische Perspektive ist in diesem Diskurs ausschlaggebend. Natürlich sind Kulturen hybride und verändern sich mit der Zeit, was wünschenswert ist. Die Kritik der kulturellen Aneignung ist ebenfalls nicht mit dem sogenannten Ethnopluralismus zu vergleichen. Der Ethnopluralismus kommt aus der neurechten und rechtsextremen Bewegung und bedeutet, dass es ethnische Pluralität gibt, diese aber getrennt bleiben und nicht vermischt werden sollte. Eine Art kulturalisierte Rassentrennung unter dem Deckmantel der Toleranz. Die Existenz verschiedener Kulturen wird anerkannt und diese werden zunächst nicht hierarchisiert, aber der Wunsch ist eben auch, dass sie getrennt voneinander existieren.

Oft wird bei Kritik gegenüber kultureller Aneignung der Vorwurf gemacht, dass damit für einen Ethnopluralismus plädiert werden würde. Dass dies haltlos ist, erkennt man, wenn man den Diskurs aus einer machtkritischen Perspektive heraus führt. Aber wenn Menschen einer dominanten Kultur die Macht haben, sich bestimmte Traditionen oder eben auch äußere Merkmale marginalisierter Menschen herauszunehmen und diese auch wieder ablegen können, dann ist das nicht nur ein Privileg, das nur diesen Menschen zusteht, sondern auch eine Form der Gewalt. Denn die Menschen, die sich heute ihre Augen schmal schminken, sind diejenigen, die *asiatisch* gelesene Menschen jederzeit genau für diese Augenform diskriminieren und ausgrenzen können. Wenn der Trend einmal vorbei ist, können sie sich ihre Augen wieder anders schminken oder eben mit ihrer tatsächlichen Augenform leben. Ich kann es nicht. Ich muss jeden Tag mit Mikroaggressionen und rassistischen Beleidigungen leben, die mit meiner Augenform einhergehen. Für mich ist mein Aussehen nicht einfach veränderbar.

Oft wird Kritik an kultureller Aneignung mit dem Argument begegnet, dass man als Teil der marginalisierten Gruppe doch froh darüber sein solle, dass bestimmte Merkmale oder Traditionen jetzt von der Dominanzgesellschaft nicht nur akzeptiert, sondern sogar begehrenswert gefunden würden. »Ich hätte ja gern so schöne Augen wie du. Warum darf ich sie mir nicht so schminken?« oder »Das ist Wertschätzung, warum lehnst du das ab?« sind dann geläufige Fragen im Zusammenhang mit dem Fox-Eyes-Trend. Auf individueller Ebene kann man diese Komplimente und die Wertschätzung natürlich auch annehmen und anerkennen. Allerdings macht dies die strukturelle Ebene unsichtbar. Denn auf struktureller Ebene wird das Aussehen von rassifizierten Menschen kommerzialisiert und ausgebeutet. Die Durchsetzung und Etablierung von Trends sind auch immer mit wirtschaftlicher Ausbeutung verbunden. Denn wer profitiert von diesem Milliardengeschäft? Von *weißen* Menschen geführte Unternehmen. Und Schminktipps können natürlich auch nur diejenigen geben, deren Augenform ursprünglich nicht dem Trend entspricht. Bella Hadid reproduziert mit streng nach hinten geknoteten dunklen Haaren und den schmalen Augen genau das hypersexualisierte Bild, mit dem *asiatisch* gelesene Frauen ohnehin immer konfrontiert sind.

In einer idealen Welt könnte jede Person sich kleiden, schminken und Trends setzen, ohne dass bestimmte marginalisierte Gruppen dadurch Nachteile erwarten müssen. Unabhängig davon, ob dieser gesellschaftliche Zustand jemals erreichbar ist, muss aber auf dem Weg dahin eine ernsthafte machtkritische Auseinandersetzung mit dem Thema kulturelle Aneignung stattfinden. Wenn *asiatisch* gelesene Menschen ihre Verletzung durch den Fox-Eyes-Trend äußern, dann ist das keine individuelle Empfindung, die aufgrund geringer Resilienz oder einer vermeintlich dünnen Haut entsteht. Diese Verletzung basiert auf strukturellem Rassismus, den jede einzelne *asiatisch* gelesene Person immer wieder erlebt und der reale Folgen hat. Ein Bewusstsein dafür zu entwickeln und die Kritik daran ernst zu nehmen, sind wichtige erste Schritte, um dann individuell zu überlegen, ob man die Verletzungen anderer in Kauf nehmen möchte. Das ist keine moralisierende Haltung, sondern eine machtkritische. Denn Menschen der Dominanzgesellschaft müssen sich bewusst mit der Macht, die sie per Geburt innehaben, auseinandersetzen, damit auf gesellschaftlicher Ebene mehr Gerechtigkeit existieren kann.

Rassistische Unterdrückung aufgrund der Augenform hat historische Tradition. In den USA wurde 1945 der War Brides Act eingeführt, der Soldat*innen die Möglichkeit gab, Partner*innen aus kolonisierten und Besatzungsgebieten ins Land zu bringen. Eine sogenannte »interracial marriage« war aber bis in die 1960er weiterhin verboten. Ostasiatische Frauen wurden von *weißen* Menschen aufgrund ihres für sie fremden Aussehens als Bedrohung wahrgenommen, und dies führte dazu, dass sich *asiatisch* gelesene Frauen auch optisch anpassen mussten. In diesem Zuge wurde auch die Lidfalten-OP erfunden[8] und die Zahl der Augen-OPs stieg in dieser Zeit massiv an. Es war für diese Frauen überlebensnotwendig, sich eine andere Augenform operieren zu lassen.

Neben Schönheitstrends bezieht sich die wohl bekannteste Kritik der kulturellen Aneignung auf Kostümierungen, welche auf Traditionen oder bestimmten stereotypen Darstellungen marginalisierter Gruppe basieren. Sich als indigener Mensch mit Federschmuck und Gesichtsbemalungen zu verkleiden, ist nicht nur eine rassistische Degradierung, sondern auch die Unsichtbarmachung und Banalisierung brutaler Genozide an indigenen Völkern weltweit. Traditionelle Kleidung mit historischer und kultureller Bedeutung, für die Menschen ermordet und vertrieben wurden, als Kostüm zum Feiern zu tragen, ist nicht nur respektlos, sondern reproduziert ein vereinfachtes stereotypes Bild. Was dabei nicht beachtet wird ist, dass bestimmte kulturelle Artefakte nur bis heute erhalten geblieben sind, weil Betroffene diese selbst jahrhundertelang und teilweise unter Bedrohung ihres Lebens an nachfolgende Generationen weitergegeben haben. Die Verkleidung als indigene Person wird auch *Redfacing* genannt. Daneben gibt es das *Blackfacing* und *Yellowfacing*.

Auch die Beschreibung von Hautfarben als »gelb« oder »rot« ist ein kolonialistisches Vermächtnis und kommt geschichtlich immer wieder zum Tragen. *Yellowfacing* ist bis heute eine gängige Form rassistischer Gewalt. Noch immer werden Kinder, wenn sie sich als Chines*innen verkleiden, gelb angemalt. 1735 teilte der Naturforscher Carl von Linné in seinem Werk *Systema Naturæ* Menschen in verschiedene Gruppen ein: *Weiß*, rot, gelb und schwarz sollten nicht nur ihre Hautfarbe, sondern auch damit vermeintlich verbundene Charaktereigenschaften beschreiben. Außerdem hing daran eine Hierarchisierung, bei der *weiße* Europäer*innen auf der obersten standen. Menschen aus China wurden als »gelb« beschrieben, weil sie den Ruf als gute Kaufleute hatten und dafür angeblich Galle nötig sei, die wiederum eine gelbe Hautfarbe verursache.

Wenn *weiße* Menschen sich ihr Gesicht anmalen, um eine Schwarze oder eine *asiatisch* gelesene Person darzustellen, ist das rassistisch. Sucht man auf Google nach »Verkleidung Chinese«, so findet man direkt Kostüme, die aus einem Reishut und einem gewickelten, satinähnlichen Hemd bestehen. Auf einer der Verkaufsseiten steht in der Beschreibung:

> *Chinesen Kostüme für Damen, Herren und Kinder. Begeben wir uns auf eine Reise in den fernen Osten, um uns in die lustigen Chinesen der nächsten Faschings- oder Kostümfeier zu verwandeln. Hol dir dafür dein Chinesenkostüm und erweise den elegantesten Bewohnern des Fernostens alle Ehre. Für die Kleinen gibt es natürlich auch niedliche Chinesenkostüme, in denen sie Ninjas oder auch chinesischer Kaiser sein können. […] Neben Chinesenkostümen findest du außerdem eine große Auswahl an Accessoires und Zubehör, sowie Chinesenhüte, Glatzen mit kleinem Zopf, Sumoringer- und Geisha-Perücken und dreieckige Hüte. Vergnügt euch mit der ganzen Familie in euren Chinesenkostümen!*[9]

Hier tritt wieder eine ignorante Homogenisierung zutage: Für die Betreiber*innen dieses Unternehmens sind

Ninjas, Sumoringer und Geishas Teil einer chinesischen Kostümierung. Diese Homogenisierung ist ein fester Bestandteil anti-*asiatischen* Rassismus und deren Reproduktion und Verfestigung fängt schon bei Kleinkindern an. Wie sollen sie wissen, dass eine japanische Geisha nichts mit einer Chinesin zu tun hat? Zu diesen Kostümsets sind die Tipps zum Schminken einer gelben Hautfarbe nur ein paar Klicks entfernt.

Auf der Seite *Helpster* findet sich ein Artikel mit der Überschrift »Schminktipps zum Fasching – als Chinesin schminken«. Dieser fängt mit den folgenden Sätzen an: »Sie sind blond und blauäugig, möchten aber zum Fasching wie eine Chinesin aussehen? Mit ein paar Schminktipps können Sie sich ganz einfach zur Asiatin schminken.« Weiter heißt es:

> *Chinesinnen gelten für viele als exotische Schönheitssymbole. Ihre Markenzeichen sind schräge, dunkle Augen und hohe Wangenknochen. Wenn Sie so gar nicht asiatisch aussehen, ist ein dementsprechendes Make-up für den Alltag zu gewagt – im Fasching sieht es aber toll aus. Mit den folgenden Schminktipps verwandeln Sie sich ganz einfach in eine Chinesin.*

Es folgen mehrere Absätze, in denen die Augen, die Hautfarbe und der Mund thematisiert werden. Dieser Artikel wurde übrigens von einer *weißen* Journalistin verfasst und ist nur so durchzogen von rassistischen Stereotypisierungen.[10] Interessant ist ebenfalls, dass es hier insbesondere um die Verkleidung als *asiatisch* gelesene Frau geht und das dargestellte Bild jenes ist, das dem westlichen Schönheitsideal am nächsten ist. Denn helle, blasse Haut haben nur die wenigsten Menschen mit ost- und südostasiatischer Herkunft.

Das Aussehen und die Kleidung von Menschen, die hier rassifiziert werden, als Kostüm zu verwenden, ist gewaltvoll und verstärkt rassistische Bilder. Es verfestigt den Gedanken, dass alle, die *asiatisch* gelesen werden, chinesisch seien und auf eine bestimmte Art auszusehen hätten und sich kleiden müssten. Betroffenen wird die eigene Individualität abgesprochen, und sie werden in eine Schublade gesteckt, aus der sie nur mit Anstrengung, wenn überhaupt, herauskommen. Für Menschen der Dominanzgesellschaft ist es lediglich ein Kostüm, ein kurzweiliger Spaß zum Fasching oder auf einer Mottoparty. Immer wieder sehe ich auch Werbung für Veranstaltungen, die »Exotische Geisha-Parties« oder ähnlich heißen. Oftmals sind *weiße* Frauen abgebildet, die sich als Geisha verkleiden, Stäbchen in den Haaren haben und Sushi verteilen. Fetischisierung als kommerzielles Mittel für die Bewerbung von Veranstaltungen ist hierzulande leider bittere Realität.

Auch bekannte Künstler*innen schrecken nicht davor zurück, sich diese Fetischisierung zunutze zu machen. Gwen Stefani, die ehemalige Sängerin der Band No Doubt, erhielt für die Single »Harajuku Girls« scharfe Kritik aus der ostasiatischen Community. In einem Interview sagte sie dazu, dass sie, trotz ihrer italienischamerikanischen Wurzeln, Japanerin sei – es sei ihr nur nicht klar gewesen. Sie bezog sich auf ihren Vater, der viel in Japan gereist sei und sie mit der japanischen Kultur beeinflusst habe. Sie verstand die Kritik der kulturellen Aneignung selbst nach vielen Jahren nicht und empörte sich darüber, dass sie lediglich Fan einer Kultur sei.[11] Was sie und viele andere nicht verstehen: Man kann fasziniert und Fan einer Kultur sein, ohne Menschen dieser Kultur mit dem eigenen Verhalten zu verletzen.

Mit meinen vietnamesischen Wurzeln gehört es zu meiner Lebensrealität, dass mein Aussehen und meine Kultur hier entweder nicht gewollt sind oder als Kostümierung ins Lächerliche gezogen werden. Dafür ist in der Dominanzgesellschaft so wenig Bewusstsein vorhanden, weil es für sie nicht zum Alltag gehört, sich anzupassen und bestimmte Bestandteile ihrer Kultur verstecken zu müssen. Im Gegenteil. Sie sind es gewohnt, die Norm zu sein und den Standard oder eben durch kollektive Prozesse Trends setzen zu können, ohne auf viel Widerstand zu stoßen. Kritik an dieser Norm wird schnell als Einschränkung ihrer Freiheitsrechte gesehen, obwohl es vielmehr um den Schutz marginalisierter Gruppen geht. Derzeit werden Diskurse dahingehend nach dem immer gleichen Muster verschoben: Aus einer Forderung nach mehr Sensibilität und Privilegienbewusstsein wird eine Cancel-Culture- oder Wokeness-Debatte abgeleitet. Anstatt über wirksamen Antirassismus und Antikapitalismus zu sprechen, wird über »linke Meinungsdiktatur«

diskutiert. Das macht die Debatte rund um kulturelle Aneignung auch so anstrengend und wenig gewinnbringend. Für Betroffene bedeutet das, immer wieder in der Beweisschuld zu stehen und dieselben Argumente wiederholen zu müssen.

Dass ausgerechnet vermeintlich *asiatische* Merkmale nun immer mehr zum Trend werden, liegt mitunter auch an der erfolgreichen Verbreitung und Vermarktung von koreanischen Popbands und koreanischen Filmen. Die Vermittlung dieser popkulturellen Produkte ist sogar fester Bestandteil koreanischer Außenpolitik. Davon wollen westliche Firmen natürlich auch profitieren. Aufgrund des Erfolgs ostasiatischer Bands und Medien verändern sich westliche Sehgewohnheiten. Zudem ist der ost- und südostasiatische Markt sehr groß, und durch den wirtschaftlichen Aufstieg einiger Länder in dieser Region ergibt sich eine potenziell ertragreiche Einnahmequelle.

Doch was passiert mit Menschen, deren Aussehen sich nicht einfach so abschminken lässt, wenn dieser Trend einmal vorbei ist? Verändert sich die Lebensrealität meiner Familie, wenn plötzlich K-Pop-Stars und damit ein bestimmtes Aussehen an Popularität gewinnt? Sind wir weniger Mikroaggressionen ausgesetzt? Die Realität sieht leider so aus, dass wir für dieselben Merkmale und für dieselben kulturellen Artefakte diskriminiert und angegriffen werden.

10
ESSEN UND AUTHENTIZITÄT

Der Monat Januar wird in der Social-Media-Welt zum Anlass für die #veganuary-Challenge genommen, bei der möglichst viele Menschen dazu ermutigt werden sollen, sich für einen Monat vegan zu ernähren. Unter dem Hashtag finden sich unzählige Rezeptideen, Affirmationen und Infoposts zu den Vorteilen einer veganen Ernährung. Viele Influencer*innen bewerben vegane Ersatzprodukte oder empfehlen gute vegane Restaurants in ihrem Wohnort. Bewiesenermaßen ist ein geringerer Konsum von tierischen Produkten besser für die Umwelt, und Massentierhaltung ist wohl eine der moralisch verwerflichsten Praktiken unserer modernen Gesellschaft. Deshalb ist am #veganuary-Trend gar nichts auszusetzen. Was mir beim Scrollen durch die Beiträge allerdings auffällt, ist, dass viele vegane Rezeptvarianten auf der vietnamesischen Küche basieren.

Die vietnamesische Küche ist hierzulande aus verschiedenen Gründen schon seit mehreren Jahren sehr beliebt. Ein Urlaub in Vietnam gehört mittlerweile zu den Mainstream-Reisen, und dementsprechend ist Vietnam auch immer mehr auf Tourismus eingestellt. Das Reiseerlebnis wird dennoch nach wie vor als »besonders authentisch« und »noch nicht zu touristisch« bezeichnet. Insbesondere das vietnamesische Essen ist bei den Reisenden sehr beliebt, und diese Vorliebe bringen sie auch wieder mit nach Hause.

Westliche Tourist*innen suchen vermehrt Orte auf, die weniger touristisch und damit in ihren Augen »authentischer« seien. Sie übernachten in kleinen familienbetriebenen Guesthouses, fahren wie Einheimische mit öffentlichen Verkehrsmitteln, setzen sich in Fischerboote, um am Leben der dortigen Menschen teilzuhaben. »Diese Art von ›authentischen‹ Darstellungen und Begegnungen mit Einheimischen reduziert die Menschen auf eine vermeintliche Natürlichkeit und romantisiert obendrein oft Armut und Prekarität«[1] beschreibt die Journalistin Marina Klimchuk diese Art von Individualtourismus pointiert. Während des Studiums hatte ich viele Gespräche darüber mit *weißen* Komiliton*innen, und immer erinnerten sie mich an romantisierte Erzählungen kolonialer Praktiken, in denen Kolonisten in »unentdeckte und unberührte« Gebiete segelten, um dann mit dem Wissen und den Gütern, die sie dort erlangt haben, zurück nach Europa zu reisen. Mit diesem Wissen bekommt die Beschreibung »authentisch« einen sehr faden Beigeschmack.

Gab es noch vor zwanzig Jahren fast ausschließlich sogenannte »Asia-Restaurants« oder »China-Imbisse«, so kann man gegenwärtig insbesondere in deutschen

Großstädten eine große Auswahl an vietnamesischen, thailändischen, koreanischen oder japanischen Restaurants finden. Damit geht einher, dass Restaurants, die früher etabliert waren, nun degradiert werden. Die typischen »China-Restaurants« gelten nun als »unauthentisch«.

Traditionelles Essen hat für viele Menschen mit ostasiatischen Wurzeln eine besondere Bedeutung. Als die ersten vietnamesischen Einwander*innen in die BRD beziehungsweise DDR gekommen sind, war die ostasiatische Küche hier noch komplett fremd. Für ankommende Vietnames*innen war es sehr schwer, sich an die Essgewohnheiten hierzulande anzupassen. Die meisten Zutaten, die zur täglichen Esskultur in Vietnam gehören, waren hier nicht auffindbar. Kam man an Zutaten wie Fisch- oder Chilisoße ran, waren dies kostbare Güter. Die Exotisierung unseres Essens gehörte in meiner Kindheit zum Alltag. Zwar waren einige Gerichte wie Frühlingsrollen auch bei meinen *weißen* Mitschüler*innen beliebt, wurden jedoch Fischsoße oder andere eher untypische Gewürze verwendet, wurde dem Essen mit Ekel begegnet. Das führte auch dazu, dass ich nur ungern Freund*innen zu mir nach Hause einlud. In meinen Augen hätten allein die Gerüche in unserer Wohnung sie damals abgeschreckt.

In der sachsen-anhaltischen Kleinstadt, in der ich aufgewachsen bin, gab es damals nur ein einziges »Asia-Restaurant«, welches von einer vietnamesischen Familie betrieben wurde. Wahrscheinlich kennt jede*r diese Art von Restaurants. Die Inneneinrichtung ist in rötlichen Tönen gehalten, ein Aquarium blubbert irgendwo in der Ecke und an der Theke stehen ein paar Kunstblumen. Die Besitzer*innen standen meistens selbst hinter der Theke und in der Küche, und ihre Kinder machten an einem der Tische nachmittags ihre Hausaufgaben. Das Menü sah auch fast immer gleich aus: gebratener Reis, gebratene Eiernudeln und Hühnchen süß-sauer. Essen konnte man natürlich auch immer zum Mitnehmen bestellen. Kurz vorm Einpacken wurde dann »Mit oder ohne Röstzwiebeln?« gefragt. Diese Restaurants waren Wohlfühlorte meiner Kindheit. Wir hatten einige Bekannte in anderen Städten, die kleine Bistros dieser Art besaßen. Sie waren ein kleiner *Safer Space*, an dem wir uns getroffen haben. An diesen Restaurants ist nichts weniger gut oder authentisch.

Aber was bedeutet »authentisch« und für wen? Für Betreiber*innen, die der ostasiatischen Diaspora angehören, ist es eine authentische Art, die Gerichte so zuzubereiten, haben sie sich doch über Jahrzehnte in westlichen Ländern entwickelt. Selbst schicke neue Restaurants, die mit Authentizität werben, sind an den hiesigen Gaumen und die verfügbaren Zutaten angepasst. Ich stehe der Beschreibung »authentisch« sehr kritisch gegenüber, insbesondere wenn sie aus kommerziellen Gründen verwendet wird. Indem etwas als »authentisch« bezeichnet wird, wird auch seine Andersartigkeit betont und exotisiert. Zudem ist es schon sehr ironisch, dass bestimmte Praktiken einerseits als wünschenswert gelobt und anderseits als unsauber abgetan werden.

Sauberkeit ist ein Aspekt in Bezug auf *asiatisch* markierte Menschen, der einer weiteren Erläuterung bedarf: Bis heute werden Essgewohnheiten exotisiert und wurden zuletzt als Erklärung für den Ausbruch einer globalen Pandemie benutzt. Sowohl die Entscheidung, bestimmte Tiere zu Nahrung zu verarbeiten, als auch die Zubereitungsart werden als Gründe für die Herabsetzung angegeben. Zahlreiche Fernsehsendungen wie *Galileo* oder andere Pseudo-Dokuformate im Privatfernsehen zeigen »eklige« traditionelle Gerichte aus China und anderen Ländern in Ost- und Südostasien. Immer werden diese auch in einer ländlichen, vermeintlich rückständigen Umgebung von arm aussehenden Menschen zubereitet, um das Bild des Unzivilisierten, Schmutzigen und Ungebildeten zu erfüllen.

Die Exotisierung bestimmter kultureller Bräuche hat in den vergangenen Jahren jedoch auch unter der kapitalistischen Logik Veränderungen erfahren, indem einzelne Bestandteile von der *weißen* Dominanzgesellschaft herausgepickt und kapitalisiert werden – zum Beispiel traditionelle als mehr oder weniger authentisch beurteilte Gerichte. Was authentisch für die eine Person ist, muss es für eine andere nicht sein. Authentizität ist nichts Statisches und Unveränderliches, auch wenn es diesen Anschein erwecken möchte. Zudem frage ich mich, wie authentisch etwas sein kann, wenn dieses Label von Personen benutzt wird, die nicht Teil der jeweiligen Kultur sind. Kann eine Person, die für einige Wochen in Thailand im Urlaub war, beurteilen, was authentisch thailändisches Essen ist? Auch innerhalb eines Landes gibt es viele verschiedene Arten, Essen zuzubereiten. Kartoffelsalat in Bayern wird anders zubereitet als in Hamburg. Doch diese Diversität wird nicht anerkannt, wenn Menschen in ein »authentisches« vietnamesisches Restaurant gehen, das aber vielleicht nur nordvietnamesisches Essen serviert. Denn es gibt viele Unterschiede zwischen der nord-, zentral- und südvietnamesischen Küche, die hier ziemlich wahrscheinlich nicht bekannt sind. Ein Essen in einem vietnamesischen Restaurant in Berlin wird niemals das Gleiche sein wie das in Hanoi, Huế oder Nha Trang.

Wie sind Vietnames*innen dazu gekommen, »Asia-Restaurants« in Deutschland zu eröffnen? Nach dem Mauerfall sind viele ehemalige Vertragsarbeiter*innen in die Prekarität gerutscht und fanden kaum einen Zugang zum deutschen Arbeitsmarkt, wenn sie überhaupt erst einmal über eine Arbeitserlaubnis verfügten. So eröffneten viele Vietnames*innen Restaurants, zunächst vor allem für Vietnames*innen selbst. So viel also zum Thema »Authentizität«. Später nutzten immer mehr ehemalige Vertragsarbeiter*innen die Möglichkeit, eigene Lokale auch für die *weiße* Dominanzgesellschaft zu eröffnen, und es entstand eine Nischenökonomie, die es ihnen ermöglichte, ein finanzielles Standbein aufzubauen. In den Anfängen war die ostasiatische Küche in

Deutschland nahezu unbekannt, die Verbreitung nahm von den Großstädten ausgehend langsam zu. Mitte der 1960er-Jahre etablierte sich beispielsweise in Hamburg unter anderem im »Chinesen-Viertel« eine Auswahl chinesischer Restaurants.

Es ist eine Küche, die zwar ostasiatische Bezüge hat, jedoch so sehr an die Geschmacksgewohnheiten hierzulande angepasst wurde, dass kaum noch etwas von der Küche der jeweiligen ostasiatischen Länder übrig geblieben ist. Der chinesische Künstler Ai Weiwei beschrieb sein Geschmackserlebnis nach einem Besuch in einem China-Restaurant in Kassel Anfang der Nullerjahre treffend: »Das Essen schmeckte, als sei es aus dem Weltall.«[2] Das verstehe ich erst mal gar nicht als wertend, denn das Essen ist eben im Kontext der ostasiatischen Diaspora entstanden und hat sowohl Bezüge in die Herkunftsländer als auch in die Länder, in die Menschen mit ostasiatischen Wurzeln migriert sind. So ist in den Achtzigern die Bezeichnung »California Cuisine« entstanden, die eine Zusammenführung verschiedener Küchen bedeutet.[3] Die Bezeichnungen »chinesisch« sowie *»asiatisch«* sind natürlich irreführend.

Mehr noch als die fehlenden Zutaten war wohl die Nachfrage nach bestimmten Geschmacksrichtungen Grund für diese Weltall-Küche. Der »deutsche« Gaumen mochte zwar neue Gerichte, aber sie sollten bitte nicht zu »exotisch« sein. Der Kulturanthropologe Gunther Hirschfelder sagt abwertend dazu: »Das China-Restaurant ist der letzte Hort der bürgerlichen Küche, nur mit

Folklore verpackt.«[4] Diese Form der Abwandlung fand interessanterweise in der ostasiatischen Community auf transnationaler Ebene statt. Auch in den USA gibt es diese Form der Restaurants mit nahezu gleichen Gerichten auf der Speisekarte. Was die Geschichte verbindet: Es waren eingewanderte Communitys, die sich mithilfe dieser Restaurants eine Lebensgrundlage schufen.

Es dauerte jedoch nicht lange, bis die erste Kritik gegenüber den sogenannten China-Restaurants an die Öffentlichkeit kam. Das sogenannte »China-Restaurant-Syndrom« rückte Ende der 1960er-Jahre das Essen in ein schlechtes Licht. Betroffene hatten angeblich eine Art allergische Reaktion nach einem Restaurantbesuch erlebt, die sich in Herzrasen oder Kopfschmerzen äußerte. Bis heute gibt es keine wissenschaftliche Studie, die belegen kann, dass es eine solche Allergie gibt, weshalb man eigentlich von einer pseudoallergischen Reaktion sprechen sollte. Die vermeintliche Ursache: Glutamat. Die Verbindung *asiatischer* Küchen mit Glutamat ist irreführend, denn Glutamate als Geschmacksverstärker befinden sich in nahezu allen industriell hergestellten Fertigprodukten, die wir konsumieren. Außerdem kommt Glutamat sogar auf natürliche Weise in vielen Lebensmitteln vor, Lachs oder Rindfleisch und sogar in der Muttermilch.[5] Glutamat hat eine eigene Geschmacksrichtung, die »umami« genannt wird, was Japanisch ist und »wohlschmeckend«, »herzhafter Geschmack« bedeutet. Aber die These der Glutamat-Allergie konnte keiner evidenzbasierten medizinischen Studie standhalten. Vielmehr sprechen Wissenschaftler*innen hier von einem Nocebo-Effekt. Also allein die Befürchtung, Glutamate zu konsumieren, führte bei den Proband*innen zu vermeintlich Glutamat-spezifischen Beschwerden.[6] Das änderte jedoch nichts an der öffentlichen Wahrnehmung: Der Schaden war angerichtet und der Mythos der ungesunden Glutamat-Küche in die Welt gesetzt. Anthony Bourdain hat dazu sehr passende Worte gefunden: »Wissen Sie, was der Auslöser für das China-Restaurant-Syndrom ist? – Rassismus.«[7]

Die Wahrnehmung der ostasiatischen Küche in Deutschland ist zum Teil sehr ambivalent. Auf der einen Seite wird gern betont, wie gesund eine bestimmte Küche wie die vietnamesische oder japanische sei. Auf der anderen Seite aber werden bestimmte Bestandteile derselben Küche exotisiert und als ungesund und künstlich empfunden. Die Exotisierung ostasiatischer Küche als ein Bestandteil des anti-*asiatischen* Rassismus führt zu Debatten, die rassistisch geführt werden. Allein die Bezeichnung »China-Restaurant-Syndrom« erinnert doch sehr an die Bezeichnung »China-Virus« in der Corona-Debatte. Zumal eine ganze Branche homogenisiert wird und das sogar auf transnationaler Ebene. Denn auch in den USA wurde über die vermeintliche Glutamat-Unverträglichkeit diskutiert, und die Bezeichnung fand dort ihren Ursprung.

Eine weitere Debatte, die viele Existenzen zerstören sollte, war die um Bubble Tea, ein in den 1980ern in

Taiwan erfundenes Getränk. Mitte der 2000er-Jahre schwappte der Bubble-Tea-Trend über die USA auch nach Deutschland. Infolgedessen schossen auch hier viele Bubble-Tea-Läden aus dem Boden, von denen einige auch vietnamesische Inhaber*innen hatten. Der Hype war am Anfang groß. Ich erinnere mich an sehr lange Schlangen vor den kleinen Teegeschäften, an glückliche Gesichter, weil es mal etwas Neues gab, und an die Stempelkarten, die schnell gefüllt waren. Meine Cousine eröffnete 2008 ebenfalls einen kleinen Bubble-Tea-Laden und war sehr stolz auf die liebevolle Einrichtung und Dekoration, und auch auf die ersten Gäste, die neugierig vorbeikamen. Der Laden befand sich in einer pfälzischen Kleinstadt, in der sich Neuigkeiten schnell herumsprechen, die Menschen aber prinzipiell erst mal etwas zurückhaltender sind, wenn es um neue, ungewohnte Produkte geht. Nach einem halben Jahr hatte sich das Geschäft aber etabliert, es kamen täglich Gäste rein und es lief gut. Diese Geschichte ist keine individuelle, denn viele Mitglieder der vietnamesischen Diaspora haben es genauso gemacht, und man gab sich gegenseitig Tipps für die erfolgreiche Eröffnung und Führung der Lokale.

2012 kam dann der vermeintliche Skandal: Wissenschaftler*innen der RWTH Aachen wollten krebserregende Inhaltsstoffe in den Getränken gefunden haben. Unter Verdacht standen die Tapiokaperlen, die runden Kugeln, die den Bubble Tea ausmachen.[8] Das ging sogar so weit, dass die Staatsanwaltschaft Mönchengladbach auf einen Anfangsverdacht einer Straftat hin untersucht hat – es wurde den Verkäufer*innen des Bubble Teas also Vorsatz unterstellt.[9] Doch auch auf Nachfrage des Verbraucherschutzministeriums bei der Firma, die gemeinsam mit der RWTH die Studie verfasst hatte, konnten keine quantitativen Prüfungsergebnisse sowie aussagekräftige Angaben zur Methode bereitgestellt werden. Aber der Skandal bauschte sich in unzähligen Zeitungsartikeln sowie Fernsehbeiträgen über die angebliche Gefahr von Bubble Tea auf. Das Ganze wirkte schon damals wie eine geplante Schmutzkampagne, die das Sommerloch 2012 füllen sollte. Ein vermeintlicher Experte kam zu Wort und behauptete, dass es in Taiwan, wo einer der Hauptlieferanten für Tapioka-Perlen ansässig war, keine Lebensmittelkontrollen gebe. Ein weiterer Vorwurf war, dass die Getränke zu viel Zucker enthalten würden und »Kinder dick machen«.[10] Das gilt natürlich genauso für andere Süßgetränke, die nicht mit »Asien« in Verbindung gebracht werden, und ist keine Besonderheit der Teegetränke. Angeblich gab es durch die Tapiokaperlen auch eine erhöhte Erstickungsgefahr bei Kindern. Bis heute ist kein Fall bestätigt, in dem dies vorgekommen ist.

Natürlich beruhten diese Behauptungen auf keiner empirischen Studie, aber für die Öffentlichkeit hat die Kombination dieser Vorwürfe ausgereicht. In der Folge mussten die meisten der noch jungen Lokale schließen, weil niemand mehr kam. Nur kurze Zeit später führte das Verbraucherschutzzentrum Nordrhein-Westfalen eine Studie zu den Inhaltsstoffen des Bubble Teas durch und fand keinerlei gesundheitsgefährdende Stoffe.[11] Es sollte allerdings etwa zehn Jahre dauern, bis der Bubble-Tea-Trend nach und nach wieder nach Deutschland zurückkehrte. Der wirtschaftliche Schaden bei den damaligen Besitzer*innen ist dennoch entstanden, und wie so oft konnte eine weitere rassistische Debatte geführt werden, ohne dass es Konsequenzen oder eine Aufarbeitung gab.

Sowohl bei dem sogenannten »China-Restaurant-Syndrom« als auch beim vermeintlichen Bubble-Tea-Skandal waren es Menschen der Dominanzgesellschaft, die darüber entschieden haben, was hierzulande wünschenswert ist und was nicht. Dabei wird mit doppelten Standards und immer aus einer Überlegenheit heraus argumentiert. Einige Firmen wie McDonald's haben zwischenzeitlich sogar selbst Bubble Tea angeboten. China-Restaurants sind seit den 1990ern nicht mehr wegzudenken und daher natürlich ebenfalls eine ernst zu nehmende Konkurrenz anderer Lokalitäten, weshalb jede negative Schlagzeile gern gesehen wurde. Seit einigen Jahren gibt es in Deutschland wieder Bubble-Tea-Läden. Mittlerweile haben sich große Franchises etabliert, und TikTok trug unter anderem dazu bei, dass dieses Getränk wieder beliebter wurde. Der Versuch der Verdrängung ist in diesem Fall nicht gelungen.

Ab Mitte der 1880er-Jahre stand Vietnam gemeinsam mit Laos und Kambodscha unter französischer Kolonialherrschaft. Unter der Bezeichnung Indochina wurde diese Region zu einem der wichtigsten Besitztümer Frankreichs, was tiefgehende Auswirkungen auf die vietnamesische Bevölkerung hatte, die bis heute sichtbar sind. So findet man in Vietnam nach wie vor viele französische Kolonialbauten, und auch die vietnamesische Sprache hat sich durch die Besatzungszeit verändert. Teilweise wurden französische Begriffe ins Vietnamesische übernommen. Beispiele hierfür sind »pa-tê« für Pastete, »äng ten« für Antenne oder »bơ« für Beurre, also Butter. Zudem wurde die vietnamesische Kalligrafie während der französischen Kolonialzeit nicht mehr an den Schulen gelehrt und allmählich durch das lateinische Alphabet ersetzt. Heutzutage beherrscht nahezu niemand in Vietnam mehr die alte kalligrafische vietnamesische Schrift.

Wie auch in anderen Ländern fußte die Kolonisierung südostasiatischer Länder auf der Herabsetzung der dortigen Kultur, Traditionen und des Glaubens. Die von den Kolonialist*innen vorgefundene Lebensweise wurde als »unzivilisiert« betrachtet und einer zivilisierenden Missionierung bedürftig. Letztlich diente das natürlich nur als Vorwand für die wirtschaftliche Ausbeutung dieser Länder. Arbeiter*innen auf den Plantagen im sogenannten Indochina wurden abfällig als »Kulis« bezeichnet und für ihre harte Arbeit eher mit Reis als mit Geld bezahlt. Die Löhne waren ohnehin verschwindend gering und die Arbeitsbedingungen menschenunwürdig. Es gab kaum Wasser oder Nahrung während der fünfzehnstündigen Arbeitstage. Michelin, ein noch heute bekannter großer Reifenhersteller, produzierte in den kolonisierten Gebieten unter besonders schlechten Bedingungen. Allein auf einer einzigen Michelin-Plantage wurden 17 000 Todesfälle verzeichnet.[12]

Geht man heute in ein vietnamesisches Restaurant, so ist die traditionelle Reisnudelsuppe Phở wohl eines der beliebtesten Gerichte. Phở hat eine lange Geschichte in Vietnam und hat ihren Ursprung in einem Gericht mit dem Namen Xáo Trâu. Es bestand aus einer Brühe mit eingekochtem Wasserbüffelfleisch und Reisbandnudeln, die Phở-Nudeln. Dieses Gericht war vor allem in ländlichen Gebieten sehr beliebt, da Wasserbüffel auch zum Reisanbau benötigt wurden.[13] Mit der Kolonialisierung Vietnams durch Frankreich wurden Rinder als Arbeitstiere ins Land gebracht, weshalb das Gericht nun mit Rindfleisch zubereitet wurde und heute den Namen Phở Bo (Bo bedeutet auf Deutsch Rind) trägt. Zunächst war der Verzehr von Rindfleisch allerdings nur den französischen Kolonialist*innen vorbehalten, sodass vietnamesische Händler*innen lediglich die Knochen und das Restfleisch aufkauften und für die Phở verwerten konnten. Erst später kamen auch Vietnames*innen in den Genuss des Rindfleischs. Nach der französischen Kolonialzeit 1954 und mit Beginn der Kriegszeiten gab es in Südvietnam Abwandlungen des Gerichts. In Nordvietnam blieb man aber immer bei der kolonialisierten Variante, welche wir auch hierzulande kennen. 2017 erklärte das vietnamesische Amt für geistiges Eigentum den 12. Dezember zum »Internationalen Phở-Tag« und verlieh dem tradionellen Gericht eine besondere Bedeutung als vietnamesisches Kulturgut.[14]

Phở gehört zu meinen Kindheitserinnerungen, und dieses Gericht ist für mich eine wichtige Brücke zu meiner Herkunft. Es ist eines der wenigen Gerichte, für die man die meisten Zutaten auch in konventionellen Supermärkten kaufen kann, weshalb es wohl in allen vietnamesischen Familien, die in Deutschland leben, zum Standard gehört. Der Trend um das traditionelle Gericht führte, wie zu erwarten, dazu, dass viele von diesem Trend profitieren wollten. So dauerte es nicht lange, bis Start-ups auftauchten, die Phở als Fertiggerichte verkaufen. Diese Start-ups werden natürlich vor allem von Menschen der Dominanzgesellschaft geführt; was sie als Phở labeln und verkaufen, hat in den meisten Fällen nichts mit der traditionellen Phở zu tun. Statt jedoch ihre Produkte als »Reisbandnudelsuppe« oder »von Phở inspiriert« zu bezeichnen, bedienen sie sich an dem profitablen Label. Um aber diesen Trend noch weiter auszubauen, werden die Versionen gern als gesünder, »ohne Glutamat« oder in einer alternativen Variante wie vegan oder eben mit anderen Zutaten beworben.

Was sie dabei auch machen, ist, sich an etwas zu bedienen und zu bereichern, wofür marginalisierte Menschen jahrelang arbeiten mussten. Bis eine bestimmte Geschmacksrichtung und eine Gewohnheit hier etabliert werden konnte, mussten beispielsweise vietnamesische Eingewanderte viele Jahre und Kapital aufbringen.

Ein Start-up zu gründen und das nötige Kapital dafür aufzubringen, ist für marginalisierte Menschen weitaus schwieriger als für Menschen der Dominanzgesellschaft. Ehemalige Vertragsarbeiter*innen oder Geflüchtete verfügen in den seltensten Fällen über ein familiäres Kapital, welches über Generationen hinweg kumuliert wurde, und sind somit strukturell benachteiligt. Wenn also ein *weißer* Mann in Berlin ein Phở-Restaurant eröffnet oder ein Start-up gründet, so verdrängt er die Menschen, die es überhaupt erst möglich gemacht haben, dass Phở ein hier anerkanntes und beliebtes Essen ist. Beispiele hierfür sind J. Kinski, jus&jar und Pichler. Dieser *weiße* Mann verfügt wahrscheinlich über mehr finanzielle, aber auch soziale Ressourcen, um gegen mögliche Konkurrenz anzukommen. Zu den sozialen Ressourcen gehört beispielsweise ein sicheres Auffangnetz an Kontakten und Menschen, die ihm unter die Arme greifen können, falls das Start-up oder das Restaurant kein Erfolg wird. Aber auch das Wissen über bestimmte bürokratische Abläufe ist hier entscheidend. Wenn ich an meine Familie denke, wird mir bewusst, dass viele migrantisierte Menschen nicht daran kommen, zum Beispiel wegen der schwer verständlichen deutsche Bürokratiesprache. Die Hürden für eine Person der Dominanzgesellschaft, ein wirtschaftlich erfolgreiches Geschäft zu eröffnen, sind auf struktureller Ebene einfach geringer als für Menschen, die nicht Teil dieser Gruppe sind. Folglich kann es sich nicht jede*r leisten, in eine innovative Marketingstrategie zu investieren oder die neuesten Trends zu implementieren. Langfristig kann das dazu führen, dass die Lokale ehemaliger Vertragsarbeiter*innen und anderer migrantisierter Gruppen irgendwann komplett verdrängt werden. Über dieses Machtgefälle sollte man sich auch als Konsument*in bewusst sein.

Die von Europa ausgehende Kolonisierung betraf neben afrikanischen und südamerikanischen Ländern auch Länder in Südostasien. Im Rautenstrauch-Joest-Museum in Köln findet man rund 10 000 kulturelle Artefakte aus Südostasien wie Khmer-Objekte oder Keramiken aus dem Nordosten Thailands. Es sind von europäischen Kolonialist*innen gestohlene Objekte.

Noch mal: Es geht in dieser Auseinandersetzung nicht um Verbote. Natürlich können Menschen der Dominanzgesellschaft vietnamesische Restaurants eröffnen. Das wird ja bereits getan, und niemand hat die Macht dazu, es ihnen zu verbieten. Es geht um einen sensiblen Umgang mit Menschen, die aufgrund ihrer Kultur, worunter traditionelles Essen eben auch zählt, jahrelang unterdrückt wurden und es auch weiterhin werden. Die Frage ist also eher: Wie kann kultureller Austausch auf Augenhöhe stattfinden?

11

DIE BEDEUTUNG VON ZUHÖREN UND ZUGEHÖRIGKEIT

Als ich eines Morgens meinen Instagram-Feed öffnete, begegnete mir völlig unerwartet ein Foto aus dem Vietnamkrieg. Das berühmte Bild wurde am 8. Juni 1972 von dem Fotografen Nick Út aufgenommen und trägt den Namen »Napalm-Mädchen«. Im Zentrum des Bildes läuft ein nacktes Mädchen schreiend auf den Fotografen zu. Neben ihr sieht man weitere Kinder, ihre Cousins, die ebenfalls in Richtung Kamera wegrennen. Dieses Foto wurde kurz nach Abwurf der Napalm-Bomben* geschossen und zeigt einen Ausschnitt der Grausamkeiten, die während des Krieges stattfanden. Am darauffolgenden Tag war das Foto auf der Titelseite der *New York Times* abgebildet und wurde zum Symbol der Anti-Vietnamkriegsbewegung. Der Experte für Fotografie-

* Napalm ist ein Brandkampfstoff, der Feuer auslöst, die besonders schwer zu löschen sind, und wurde von den USA im bisher größten Umfang im Vietnamkrieg eingesetzt.

geschichte Michael Ebert lobt die Komposition des Bildes, wie fragil die Kombination aus dem nackten Mädchen und dem Militärpersonal sei.[1]

Das Foto wird nach wie vor abgedruckt, wenn über den Vietnamkrieg berichtet wird. Viele kennen den Namen des Fotografen Nick Út, der für diese Aufnahme 1972 den Pulitzer-Preis erhielt. Den Namen des Mädchens Phạn Thị Kim Phúc kennen wahrscheinlich nicht annähernd so viele Menschen, auch wenn ihre Geschichte ziemlich spannend ist. Sie erlitt schwere Verbrennungen und lag nach der Aufnahme für lange Zeit im Krankenhaus, musste unzählige Operationen über sich ergehen lassen und konnte erst nach zwei Jahren nach Hause zurückkehren.

Phan Thị Kim Phúc und die Darstellung ihres Körpers wurden von mehreren Parteien instrumentalisiert. Die Anti-Kriegsbewegung in den USA und die kommunistische Partei Vietnams nutzten das Foto, um auf die Kriegsopfer in Vietnam aufmerksam zu machen. Ihre Geschichte hat ein Happy End, denn sie hat dank der Öffentlichkeit, die ihr durch dieses Foto zuteil wurde, sehr gute medizinische Versorgung bekommen, konnte erfolgreich fliehen und ist heute eine Friedensaktivistin. Sie und der Fotograf führen eine freundschaftliche Beziehung.

Doch was macht dieses Foto mit all den anderen Vietnames*innen, die Familienmitglieder und nahestehende Menschen im Krieg verloren haben? »Es gibt in Vietnam nahezu keine einzige Familie, die nicht mindestens einen Bruder, eine Schwester, ein Elternteil oder ein Kind im Vietnamkrieg verloren hat«, sagte meine Mutter mir immer. Vietnam befand sich so lange im Krieg, dass es für manche Generationen nichts anderes gibt, als im Krieg geboren zu werden, aufzuwachsen, zu leben und auch zu sterben. Das Kriegstrauma wird intergenerational weitergegeben und das über Grenzen hinweg. Ich kann bis heute keine Filme oder Bilder über den Vietnamkrieg sehen. In den Gesichtern der Menschen und den vielen toten Körpern sehe ich meine Eltern, meine Tanten und Onkel, meine Großeltern und Urgroßeltern. Sie lösen in mir eine Retraumatisierung aus, stehen für das Trauma meiner Familie. Als ich an diesem Morgen völlig unerwartet dieses Foto sah, das vom Account einer dominanzkulturellen politischen Bildungseinrichtung zum fünfzigjährigen Jubiläum des Fotos mit der Frage »Kennt ihr das Foto?« gepostet wurde, war ich gelähmt.

Ich sehe auf dem Bild nicht die herausragende Komposition oder die Symbolkraft. Ich sehe meine Familie, die diesen Krieg erleben musste. Dass dieses Foto weltweit so bekannt wurde, lag nicht unbedingt an der Empathie, die Menschen in den USA und in Europa plötzlich für Vietnames*innen hatten. Es wurde bekannt, weil sie sich ihrer eigenen Taten und dem Mittragen eines sinnlosen Krieges nicht mehr verschließen konnten. Es wurde zu einem Symbolbild ihrer eigenen Taten und eines Aufbegehrens gegen diesen Krieg, um sich damit von der eigenen Schuld reinzuwaschen. Was ist das für eine Erinnerungskultur, in der die Dominanzkultur die

Deutungshoheit für sich beansprucht? In der die meisten Opfer namenlos bleiben und die Perspektiven der Täter*innen ins Zentrum gerückt werden? In der nahezu willkürlich entschieden wird, welches Opfer gezeigt werden soll und welches nicht?

Als ich die Accountbetreiber*innen dafür kritisierte, dass sie dieses Foto ohne jegliche Triggerwarnung posteten, reagierten sie und andere Kommentierende so, wie Menschen reagieren, die nie eine andere Perspektive als ihre eigene einnehmen mussten. »Dieses Bild ist seit Jahrzenten ein Antikriegssymbol. Wir brauchen diese Bilder unzensiert und als Mahnmal, um die imperialistischen Bestrebungen eines Unrechtsstaates aufzuzeigen.« Ich las diese Sätze mehrmals. »Wir«, also die *weiße* Mehrheitsgesellschaft, braucht dieses Foto als Mahnmal, um sich zugleich mit ihren eigenen Taten auseinanderzusetzen. Und »ihr«, also die anderen, die Betroffenen, dürft eben damit leben, dass eure Körper dafür herhalten müssen.

Die Stimme der Betroffenen ist aus Sicht derer, die nicht betroffen sind, nichts wert. Ein Ausdruck der *weißen* Vorherrschaft ist, dass sie darüber entscheidet, welche Bilder für ihre Zwecke verwendet werden, um sich an ihre eigenen Taten zu erinnern. Sie benutzt nicht-*weiße* Körper, objektiviert und entmenschlicht sie für ihre eigenen Zwecke. Es geht ihr im Grunde nicht darum, etwas an den imperialistischen Strukturen zu ändern, denn dann würde sie damit aufhören, unsere Körper zur Schau zu stellen. Es geht vor allem um eins:

Performation. Und diese geht mit fehlender Empathie gegenüber Betroffenen einher. Dieser Vorfall zeigt, wie wenig der Schmerz rassistischer Betroffenheit nachempfunden werden kann, weil *weiße* Vorherrschaft auch bedeutet, dass der *weiße* Blick auf historische Ereignisse als universell betrachtet wird. Für Betroffene bedeutet es, dass es in dieser Gesellschaft kaum sichere Räume gibt, in denen Verletzungen und Retraumatisierungen nicht jederzeit stattfinden können.

Dies ist eines von vielen Beispielen aus der Perspektive einer nicht-*weißen* Person. Wenn diese ausgesprochen wird, kommt es oft zu Irritationen und Widerstand. Es wird Täter*innen-Opfer-Umkehr betrieben, indem argumentiert wird, dass man eine zu dünne Haut habe und sich doch aus dem öffentlichen Raum zurückziehen solle, wenn man bestimmte Bilder oder Verhaltensweisen nicht mehr einfach akzeptieren möchte. Ein Grund für diesen Widerstand ist der *Racial Empathy Gap*: *Weißen* Menschen fällt es schwer, sich in Empfindungen wie den Schmerz nicht-*weißer* Menschen hineinzuversetzen. Dies führt dazu, dass eigene diskriminierende, unterdrückerische Handlungen nicht als solche wahrgenommen werden oder dass beispielsweise der Schmerz Schwarzer Menschen im medizinischen Bereich weniger ernst genommen wird. Die unterliegende, unbewusste Vermutung ist wohl das rassistische Bild eines schmerzunempfindlichen Schwarzen Menschen, der durch ein Leben mit vielen Schwierigkeiten abgehärtet ist.[2] So konnten sich die Kommentierenden und die Betreiber*innen des Accounts nicht vorstellen, warum ich diesen Schmerz beim Anblick dieses Fotos empfand, weil sie diesen Schmerz selbst nicht fühlten. Und das konnten sie nicht, weil sie die Menschen auf den Bildern komplett entmenschlicht haben. Entmenschlichung bedeutet den Verlust der persönlichen Identität. Dehumanisierte Menschen werden als anonyme Masse angesehen und ihrer Individualität beraubt. Dadurch werden ihnen Empfindungen wie Scham, Traurigkeit oder Wut abgesprochen. Daher könnte man sich hier eine Frage stellen: Werden Fotos nackter *weißer* Kinder in Kriegssituationen gezeigt? Wenn man von der Dominanzgesellschaft einen Perspektivenwechsel einfordert, wird man selbst zur Zielscheibe derjenigen, die anderen Perspektiven keinen Raum geben möchten. Selbstorganisationen können einen solchen Raum bieten, und daher ist es so wichtig, dass diese gefördert und ausgebaut werden.

Selbstorganisationen sind eine Form des Empowerments und des Widerstands. Sie machen Ereignisse und Perspektiven sichtbar, für die in der Dominanzgesellschaft bisher kein Platz war. Ohne die Arbeit derjenigen, die sich organisieren, Vereine zu bestimmten Zwecken gründen und Menschen innerhalb von Communitys vernetzen, aber auch Verbindungen zwischen Communitys schaffen, wären wir gesellschaftlich nicht da, wo wir jetzt sind. Wahrscheinlich wüsste niemand über die Bedeutung von Rostock-Lichtenhagen aus der Perspektive der Vietnames*innen Bescheid. Es gäbe kein Gedenken für die beiden ermordeten Vietnames*innen Nguyễn Ngọc Châu und Đỗ Anh Lân. Der entscheidende Punkt: Entmenschlichung wird verhindert. Es sind nicht mehr einfach »Asylant*innen« oder »Ausländer*innen« gestorben, sondern Menschen mit Namen und Geschichten. Und sie sind nicht bei einem punktuellen »Übergriff« aus einer zufälligen Reihe von »Einzelfällen« gestorben, sondern sie gehören zu den vielen Opfern, die in einem zutiefst rassistischen, historischen Kontext ermordet wurden.

Selbstorganisationen sorgen dafür, dass Menschen mit Geschichten, Würde, Träumen und Wünschen zusammenfinden. In Selbstorganisationen werden *Safer Spaces* kreiert, in denen Menschen aus marginalisierten Communitys lernen können, ihre eigene Perspektive in den Mittelpunkt zu stellen und sich selbst mit eigenem Blick zu sehen, anstatt so, wie sie von der Dominanzgesellschaft gesehen werden. Auch hier ist es notwendig, internalisierte Denkmuster und Glaubenssätze zu dekonstruieren und sich aus der Objektifizierung zu befreien. Es ist schwer, sich davon zu befreien, wenn man nie Raum dafür hatte. Aus der Arbeit in Selbstorganisationen können wir Energie ziehen, die uns fehlt, weil wir alltäglichen Mikroaggressionen ausgesetzt sind.

Jedes Jahr wird in vielen *asiatischen* Ländern das Mondneujahr gefeiert. Im Kalender des Mondes beginnt damit ein neues Jahr. In Vietnam feiern wir Tết, einen der wichtigsten Feiertage des Jahres. Vergleichbar mit

Weihnachten, kommt die Familie zusammen, kocht traditionelle Gerichte, wie Bánh chưng, ein herzhafter Klebereiskuchen, und ehrt die Ahn*innen. Kinder bekommen von den Erwachsenen Geldgeschenke und Menschen wünschen sich gegenseitig Glück, Gesundheit und Erfolg. Tết markiert in Vietnam auch zugleich den Frühlingsanfang. Wie so viele, die nicht in Vietnam aufgewachsen sind, weiß ich nicht so genau, wie man in Vietnam tatsächlich Tết feiert. Bis heute frage ich mich, wie die Stimmung wohl sein muss, mit der ganzen Familie zusammenzukommen. Ich kann Tết nur aus der vietdiasporischen Perspektive beschreiben und die war, zumindest in unserer Familie, nicht nur mit positiven Erinnerungen verbunden. Ich schrieb meine Gedanken in einem Text nieder:

An Tết sind mein Bruder und ich am Abend kurz vor 18 Uhr, wenn es kurz vor Mitternacht in Vietnam ist, oft noch mal rausgegangen, um dann die Ersten zu sein, die unsere Wohnung im neuen Jahr betreten. Es ist wichtig, denn wir sollten Glück mitbringen. Es wurde gekocht, bei uns nie besonders aufwendig, und alles auf den Altar gestellt, damit unsere Ahnen zuerst davon speisen konnten, bevor wir zu Abend aßen. Räucherstäbchen wurden angezündet und auf den Altar gestellt. An der Wand hingen eingerahmte Fotos meiner Urgroßeltern. Nun hängen da stattdessen die Bilder meiner beiden Großväter.

Tết ist ein wichtiges Familienfest, mit dem ich nicht

viel verbinde. Wie es mit vielen Traditionen meiner Herkunft ist, habe ich diese nie verstanden und war eher Zuschauerin statt mittendrin.

Ich weiß nicht genau, warum wir Tết nie richtig gefeiert haben. Vielleicht lag es an den schmerzvollen Erinnerungen meiner Mutter. Wenn ein Fest vor allem mit der Familie verbracht wird und ihr größter Teil Tausende von Kilometer entfernt lebt und man sie seit Jahrzehnten nicht sehen konnte, verstehe ich das. Vielleicht lag es aber auch an den fehlenden finanziellen und zeitlichen Ressourcen.

Heute sehe ich erst, was andere vietnamesische Familien an diesem Abend alles zusammen machen. Und ich bin etwas wehmütig, weil ich vieles davon nicht kennengelernt habe. Ich bin traurig darüber, dass es eine weitere Tradition sein wird, die ich nicht weitergeben kann und die wahrscheinlich nach mir vergessen sein wird.

Es wird immer davon gesprochen, dass Menschen wie wir sich anpassen müssten, aber niemand sieht, was das eigentlich bedeutet und was wir alles dafür aufgeben mussten.

Was migrantisierten Menschen hier genommen wurde, ist nicht nur das Ausdrücken und Ausleben der eigenen Identität, sondern auch die Möglichkeit, dies nachzuholen. Traditionen, die ein Teil der eigenen Geschichte ausmachen und wichtige Verbindungen zur Herkunft sind, an nachfolgende Generationen weiterzugeben, ist nur bedingt möglich. Es fängt bei den gesetzlichen Feiertagen an, die entlang christlicher Jahrestage festgelegt wurden. Eine Möglichkeit wäre es beispielsweise, variable Feiertage einzuführen, also die Anzahl der Tage festzulegen, an denen sich Schulkinder oder Arbeitnehmer*innen freinehmen können, je nachdem, welche Feiertage sie feiern, und in letzter Konsequenz ganz auf die Universalität der christlichen Feiertage zu verzichten. Wie reich wäre unsere Gesellschaft, wenn wir von den Bräuchen und Traditionen all derjenigen lernen könnten, die in diesem Land leben. Wie schön wäre es, wenn der Beitrag zu einer Gesellschaft nicht nur darin bestünde, rechtzeitig alle Steuern zu zahlen, sondern auch Traditionen mitzugestalten und für nachfolgende Generationen ein Zuhause zu bieten, in dem sich alle gesehen und angesprochen fühlen? Ist das eine realitätsferne Utopie?

Ich sehe bei vielen einzelnen Personen meiner Generation und in vielen Communitys mittlerweile, dass daran gearbeitet wird, eigene Traditionen zu kreieren. Eine Kombination aus den Traditionen der Dominanzgesellschaft und der eigenen Herkunft. Tết konnte in der Generation meiner Eltern, die mit so vielen anderen Widerständen zu kämpfen hatten, vielleicht keine große Priorität haben, ist aber heute für die zweite und dritte Generation zum Teil wieder präsenter. Es ist heilsam, sich das, was uns weggenommen wurde, wiederzuholen. Und andere mitzunehmen, die offen sind und nicht an Gegebenheiten festhalten. In meiner Kindheit waren das die verbindenden Momente der Intimität mit meinen Freund*innen. Sie zu uns einzuladen und vietnamesisch zu essen, kostete mich am Anfang Überwindung, aber als ich dann erlebte, wie gern sie bei uns waren und dass sie unseren Lebensstil nicht verurteilten, war es nicht nur, als würde ich ein Stück meiner Identität zurückbekommen, sondern als würde sie mit diesem Erlebnis reicher werden. Funktionierte das nicht auch andersherum? Wurde die Identität meiner Freund*innen nicht auch um einiges reicher?

Als ich mit Mitte zwanzig anfing, über anti-*asiatischen* Rassismus nachzudenken und zu schreiben, fiel es mir selbst sehr schwer, den Schmerz, die gewaltvollen Erfahrungen und die Auswirkungen davon auf meine Lebensrealität ernst zu nehmen. Die Glaubenssätze waren einfach zu stark. Ich sei immerhin Teil der »Vorzeigeminderheit«, anderen marginalisierten Gruppen gehe es viel schlechter als mir. Bis ich lernte, dass es nicht darum geht, meine Erfahrungswelt mit denen anderer Menschen zu vergleichen. Sie alle haben ihre Daseinsberechtigung, und letztlich geht es nicht darum, irgendetwas untereinander aufzuwiegen, sondern gemeinsam gegen jegliche Form von Rassismus und Diskriminierung vorzugehen.

Anti-*asiatischer* Rassismus ist ein wichtiger Teil der Rassismusdebatte und darf kein Nischenthema mehr sein, wenn wir gemeinsam für eine gerechtere Welt kämpfen möchten. Dabei ist es allerdings auch wichtig, sich über die eigenen Privilegien bewusst zu sein. Eigene

Privilegien sind immer damit verbunden, dass man davon profitiert, andere zu unterdrücken. Wir haben diese Privilegien, weil andere in dem System, in dem wir leben, sie nicht haben. Eine Betrachtung gesellschaftlicher Zustände aus einer intersektionalen Perspektive hilft uns dabei, die Komplexität so vieler Lebensrealitäten zu verstehen. Wenn wir unsere Privilegien genauso mit einbeziehen wie unsere Diskriminierungserfahrungen, ist dies bereits ein wichtiger Schritt, um andere Menschen mit anderen Lebensrealitäten nicht zu entmenschlichen und Empathie für sie zu entwickeln. Wir würden lernen, den Schmerz der anderen zuzulassen und zu verstehen, ohne dabei Angst haben zu müssen, dass unser Schmerz weniger wichtig sein könnte.

Ein möglicher Schritt könnte schon darin liegen, die eigenen Privilegien mit denjenigen zu teilen, die diese nicht haben, ganz unabhängig davon, welche Privilegien man vielleicht im Vergleich zu der Gruppe nicht hat. Warum gründen zwei *weiße* Männer nicht gemeinsam mit einer Person vietnamesischer Herkunft ein Start-up, das Phở verkauft? Warum stellen sie nicht vietnamesische Köch*innen ein, die das Handwerk bereits beherrschen und auch das nötige Wissen über die Traditionen besitzen? Die einen haben das Kapital und auch die sozialen Ressourcen und die anderen das Wissen. Das wäre eine Möglichkeit, Privilegien, die jede einzelne Person in dieser Konstellation hat, zu teilen und gemeinsam davon zu profitieren. Der Vorwurf der kulturellen Aneignung in diesem Bereich wird mittlerweile immer ernster genommen, was ein wichtiger Schritt in die richtige Richtung ist.[3]

Jede Entwicklung muss angestoßen werden, und anti-*asiatischen* Rassismus zu benennen sowie historische Zusammenhänge aufzuzeigen, mag insbesondere für diejenigen, die diesen mittragen, konfrontativ erscheinen. Sich damit zu beschäftigen, fühlt sich mit Sicherheit nicht angenehm an. Dabei ist das Benennen eine wichtige Brücke, um letztlich gemeinsam als Gesellschaft Lösungen zu finden und ein gutes Zusammenleben zu ermöglichen, das Bindungen schafft, anstatt uns zu trennen. Emilia Roig schreibt dazu in ihrem Buch *Why We Matter*:

> *Unsere Bindung kann nur wiederhergestellt werden, wenn wir alle zunächst verstehen, dass die vitale Kraft der weißen Vorherrschaft, des Rassismus, des Sexismus und der Unterdrückung in unserem kollektiven Nervensystem liegt.*[4]

Es wird Zeit, dass wir unsere eigene Stimme wiederfinden, sie ins Zentrum rücken und für uns selbst sprechen, denn das ebnet auch den Weg für andere, um sich anzuschließen.

Ich hätte mir so sehr Vorbilder gewünscht, mit denen ich mich hätte identifizieren können. Dabei geht es nicht mal nur um Protagonist*innen in Kinderbüchern oder bekannte Popstars. In dieser Hinsicht habe ich den Eindruck, dass wir inzwischen auf einem guten Weg sind. Immer mehr Menschen, die nicht zur Dominanzgesellschaft gehören, bemühen sich darum, in verschiedenen Bereichen für mehr Diversität zu sorgen. Auch wenn ich mir natürlich wünschen würde, dass diese Anstrengung nicht nur von Betroffenen selbst geleistet wird. Denn unsere Stimmen können nur mithilfe der Menschen der Dominanzgesellschaft verstärkt werden.

Worum es mir aber insbesondere geht, sind Menschen, denen man in Institutionen und generell im Alltag begegnet. Lehrer*innen, Ärzt*innen und die Sachbearbeiter*innen im Bürgeramt. Wie anders wäre die Gesellschaft, wenn ich ganz selbstverständlich von einer vietnamesischen Lehrerin unterrichtet oder von einem pakistanischen Arzt behandelt würde und die neue Finanzministerin eine Schwarze Frau wäre. Wenn die Vielfältigkeit unserer Gesellschaft überall sichtbar wäre? Natürlich braucht es eine strukturelle Veränderung, einen Systemwandel. Aber um Strukturen von innen heraus aufzubrechen, braucht es mitunter mehr Repräsentation und Diversität in allen Bereichen der Gesellschaft. In der Bildung, Politik und in machtvollen Positionen ist dies bis heute nicht der Fall.

Das erfordert neben einer antirassistischen Sensibilisierung auch eine antikapitalistische Herangehensweise. Hier müssen wir über herrschende Klassen innerhalb unserer Gesellschaft sprechen. Ich war neben meinen Rassismuserfahrungen auf struktureller Ebene auch von Armut und ihren gesellschaftlichen Folgen betroffen. So geht es vielen Menschen mit Migrationsgeschichte. Fehlendes soziales, kulturelles und ökonomisches Kapital in der Generation meiner Eltern führte dazu, dass auch ich, ganz egal wie hart ich arbeite, wahrscheinlich höchstens die untere sozio-ökonomische Mittelschicht erreichen werde. Sozio-ökonomische Undurchlässigkeit und die immer weiter auseinandergehende Schere zwischen Arm und Reich gehören zu den Problemen unserer kapitalistischen Gesellschaft. Doch ist es heutzutage immer noch so, dass migrantisierte Menschen mehrheitlich in ihren Nischen bleiben und es über Generationen hinweg schwer ist, aufzusteigen. Sozio-ökonomische Durchlässigkeit ist eine gesamtgesellschaftliche und vor allem eine politische Aufgabe.

Noch immer wird Armut von Großeltern und Eltern an Kinder weitergegeben und Arbeiter*innenkinder haben es nach wie vor schwer, einen Studienabschluss zu erlangen.[5] Nach wie vor erleben wir Arbeitsplatzdiskriminierung und Menschen mit Migrationsgeschichte werden bei gleicher Leistung immer noch anders behandelt als ihre *weißen* Kolleg*innen. Man bezeichnet diese Form auch als statusbasierte Diskriminierung. Es gibt keine Studie und keine wissenschaftliche Analyse darüber, die die Produktivität von Menschen mit oder ohne Migrationsgeschichte gegenüberstellt. Abgesehen davon sollte es keinen rationalen Grund geben, Menschen mit Migrationshintergrund auf dem Arbeitsmarkt zu diskriminieren. Veränderungen sind anstrengend, und wenn man einmal damit beginnt, fühlt es sich wie ein Fass ohne Boden an. Das ist allerdings kein Grund, sie nicht anzustoßen, irgendwann anzufangen.

Als ich für ein Auslandssemester in Calgary in Kanada war, lernte ich viel über mich selbst. Viele meiner kanadischen Kommiliton*innen waren in meinen Augen *asiatisch* gelesen. Daran versuchte ich oft, wenn auch eher unbewusst, anzuknüpfen. Anfangs dachte ich, dass diese Personen sicher auch so fühlten wie ich. Dass ihre Erfahrungen meinen sehr ähnlich seien und wir uns verbünden müssten. Doch mir begegnete Gleichgültigkeit in Bezug auf das, wofür ich sonst *asiatisch* gelesen werde. Das war eine Gleichgültigkeit, die ich sehr genoss und bis dahin nicht kannte. Für sie war ich eine Austauschstudentin aus Deutschland, und es interessierte sie mehr, wie das Leben in Deutschland ist. Dass wir ost- oder südostasiatische Wurzeln hatten, kam nie zu Sprache. Ich war eine individuelle Person und kein Teil einer bestimmten Gruppe. Das veränderte mich. An die Leichtigkeit, die ich vorher nicht kannte, musste ich mich gewöhnen. Auf der Straße nach dem Weg gefragt zu werden, weil ich »kanadisch gelesen« wurde, ganz selbstverständlich, war wirklich ungewohnt, lebte ich zu der Zeit doch in der Schweiz, in der ich selten auf Deutsch angesprochen wurde und die ewige Touristin war.

Ich musste lernen, mich durch meine eigenen Augen zu betrachten. Dafür musste ich verlernen, mich durch die Augen der Dominanzgesellschaft zu betrachten. Eine Betrachtungsweise, die immer auf Defizit und Mangel aus ist. Nicht genug zu sein, sich bemühen zu müssen, um gesehen zu werden, und sich aufplustern, um Raum zum Atmen zu haben. Dabei ist der Raum dehnbar und vergrößert sich, je mehr Perspektiven Platz darin finden. Mit dieser neu gewonnenen Freiheit in Kanada wusste ich nichts Produktives anzufangen. Ich schaute zu den anderen, wie sie sich bewegten, wie sie sprachen, und ich bewunderte das Selbstverständnis, mit dem sie das taten. Dieses Selbstverständnis haben nicht-*weiße* Menschen in der deutschen Gesellschaft nicht. Wir haben gelernt, uns an den Maßstab der Dominanzgesellschaft anzupassen und unterzuordnen. Unsere eigene Perspektive und Sicht auf den gesellschaftlichen Status quo zu finden, ist voraussetzungsreich. Es scheitert zum Teil schon allein an der Zeit, die uns fehlt, um uns damit zu beschäftigen.

Es ist eine Form des Widerstandes, sich diese Zeit zu nehmen und sich in Räume der Dominanzgesellschaft zu bewegen, in denen man sich bisher einig war. Was die Dominanzgesellschaft tun kann, ist simpel und zugleich so schwer: Sie muss lernen, die Existenz verschiedener Perspektiven, die als fremd wahrgenommen werden, wertfrei anzuerkennen. Nicht zu bewerten, aus welcher Position heraus gesprochen wird. In welcher Sprache gesprochen wird und von welchem Ort aus. Es muss anerkannt werden, dass Gesellschaften hybride sind. Wenn gesellschaftliche Entwicklungen multidimensional und multiperspektivisch vorangetrieben werden, wird sehr viel Potenzial freigesetzt – und darüber müssen alle ernsthaft und in der Praxis nachdenken.

Und ich glaube, wenn jede einzelne von Diskriminierung betroffene Person mutig genug ist, Raum einzunehmen, können wir gemeinsam sehr viel erreichen. So, wie wir als marginalisierte Person in unserer Existenz, in unseren Gefühlen und Bedürfnissen systematisch übergangen wurden – so müssen wir uns all das auch wieder zurückholen. Gemeinsam, ohne uns gegenseitig unsere Lebensrealitäten und Erfahrungen abzusprechen.

Das ist meine Inspiration, mein innerer Antrieb, mein tiefstes Bedürfnis. Laut zu sein, und das nicht nur für mich, sondern auch für meine Eltern, für meine Kinder und für alle von Diskriminierung betroffenen Menschen.

Raum einnehmen, der nicht für mich vorgesehen war, ist ein radikaler Akt der Selbstbestimmung, der Selbstverwirklichung und der Heilung.

Raum einzunehmen bedeutete für mich erst mal, meine eigene Stimme zu finden. Ich hatte jahrelang nichts anderes gelernt, als ruhig und zurückhaltend zu sein. Ich lernte, ruhig zu bleiben, als unserer Familie wieder eine willkürliche Boshaftigkeit passierte. Ich blieb ruhig, als die Eltern meiner Schulfreund*innen mich als »Fidschi« bezeichneten. Ich blieb ruhig, als meine Arbeitskolleg*innen etwas Abfälliges über *asiatisch* gelesene Menschen sagten. Ich blieb selbst dann ruhig, als ein damals guter Freund zu mir meinte, dass ich mit meinen kleinen Augen ja nicht gut gucken könne. Gegenüber diesen offensichtlich diskriminierenden Handlungen meine Stimme zu finden, lernte ich letztlich schneller, als ich dachte. Doch was ist mit den Situationen, die von einem Machtgefälle geprägt sind? Was ist mit struktureller und institutioneller Diskriminierung? Soll meine Mutter sich gegen Diskriminierung wehren, wenn sie damit riskiert, das Wohlwollen der Sachbearbeiterin bei der Ausländerbehörde zu verlieren? Würde ich persönlich dem Wohnungsmakler sagen, er hätte Diskriminierung reproduziert, wenn zweihundert andere Menschen Schlange stehen und die Wohnung haben möchten? Auf individueller Ebene kann ich daran arbeiten, Grenzen zu setzen und meine Stimme zu trainieren. Aber das lässt sich nicht auf eine strukturelle Ebene übertragen.

Für Rassismus brauchte es nie eine rationale Erklärung und um diesen auszuhebeln, muss zunächst anerkannt werden, dass er überall, in allen Strukturen und Institutionen unserer Gesellschaft existiert. Rassismus ist Teil der Sprache, die wir sprechen, er ist Teil unserer Vorstellungen und beeinflusst, wie wir die Welt sehen. Rassismus ist ein Gehilfe des Kapitalismus, der den weltweiten Kolonialismus überhaupt erst möglich machte und nach wie vor möglich macht. Zumindest sind wir an einem Punkt in unserer Gesellschaft angekommen, an dem das Wort Rassismus nicht mehr so vehement vermieden wird. Aber es ist immer noch nicht genug. Die Kontinuität, in der rassistische Gedankenbilder weitergetragen werden, ob in Kinderbüchern, im Geschichtsunterricht oder in öffentlichen Diskursen, führt dazu, dass rassifizierte Menschen in unserer Gesellschaft nicht sicher sind.

Die historische Einordnung und das Aufzeigen einer Kontinuität sind wichtige Themen, die auch in Schulen gelehrt werden sollten. Der Kolonialismus war nicht einfach »Kolumbus entdeckt die Welt«, und die indigenen Völker wurden damals nicht einfach von einer Handvoll böser Menschen ermordet. Es wird vermittelt, diese Zeiten wären abgeschlossen und würden uns heute nichts mehr angehen. Aber wenn das so ist: Warum werden *asiatisch* gelesene Menschen immer noch als »gelb« bezeichnet? Und warum wird generell so wenig über die Kolonialzeit in Südostasien informiert, obwohl so viele Menschen mit südostasiatischer Herkunft hier in Deutschland leben? Warum gibt es kaum Dokumentationen über das Leben ehemaliger Vertragsarbeiter*innen in der DDR oder über die Sozialisierung ehemaliger »Bootsflüchtlinge« in der BRD? Wir sind Teil deutscher Geschichte, und doch werden wir komplett unsichtbar gemacht. Oftmals müssen marginalisierte Gruppen selbst die Arbeit der Dominanzgesellschaft übernehmen. In Form von Selbstorganisationen konnte mit viel Mühe einiges bewirkt werden – und diese zu unterstützen ist ein kleiner Beitrag, den Menschen der Dominanzgesellschaft im Kleinen und die Politik auf struktureller Ebene leisten kann.

EPILOG

Als ich anfing, dieses Buch zu schreiben, habe ich eine schwere Last auf mir gespürt. Ich wollte nicht für andere sprechen, denn ich sehe mich nicht als Wortführerin. Das Thema anti-*asiatischer* Rassismus ist sehr umfangreich. Es gibt so viele Perspektiven, die nicht sichtbar sind, und Geschichten, die nie erzählt worden sind. Ich hätte diese Geschichten gern gelesen, denn ich habe mich sehr oft unfassbar einsam mit meinen Erfahrungen gefühlt. In so vielen gesellschaftlichen Diskursen habe ich mich nicht gesehen, weil Menschen wie ich schlichtweg nicht mitgemeint waren – weder von der Dominanzgesellschaft noch innerhalb der Rassismusdebatten in Deutschland.

Warum sehe ich so selten Vietnames*innen auf Panels über Rassismus oder Klassismus? Warum wissen so wenige Menschen über die Pogrome in Rostock-Lichtenhagen und Hoyerswerda Bescheid? Warum wurde so selten über die Folgen des Mauerfalls für ehemalige vietnamesische Vertragsarbeiter*innen und deren Kinder gesprochen? Warum wurde so wenig über unser Leben am Rande der Gesellschaft gesprochen? Dies ist zwar meine Geschichte, aber sie ist Teil einer kollektiven Geschichte, die wiederum ein wichtiger Teil deutscher Geschichte ist. Zwar leben nicht mehr so viele ehemalige vietnamesische Vertragsarbeiter*innen in Deutschland, doch sie haben die deutsche Gesellschaft geprägt. Gleichzeitig sind für Vietnames*innen, die dieses Land mit aufgebaut haben, die vielen Jahre in der DDR ein wichtiger Teil ihrer Biografie und ihrer Identität, auch wenn sie mittlerweile wieder in Vietnam oder in einem anderen Land leben. Seine Zeit hier hat das Leben meines Vaters entscheidend verändert. Ich frage mich manchmal, was aus ihm geworden wäre, wenn er niemals als Vertragsarbeiter in die DDR gekommen wäre. Was hätte es für unsere Familie bedeutet? Was hätte es für mich bedeutet?

Mein Vater wurde abgeschoben, weil er unter den Folgen der Perspektivlosigkeit und Isolation in der DDR und den prekären Lebensumständen nach der Wiedervereinigung litt. Er kam nie von den Drogen weg, was nach deutscher Migrationspolitik Grund genug war, ihn nach fast drei Jahrzehnten abzuschieben. Er musste in ein Land zurück, das er als junger Erwachsener verlassen hatte, ohne eine Perspektive zu bekommen. Kurz vor der Abschiebung befand er sich in einem Abschiebegefängnis, da die Behörden die Befürchtung hatten, er könne fliehen. Angehörige durften einen Koffer für ihn packen, den er mit nach Vietnam nehmen konnte. Ich fragte ihn, was er brauchte. Auf seinem Wunschzettel waren nur Gegenstände des täglichen Bedarfs. Ein kleiner Vorrat an Zahnbürsten, Zahnpasta, Duschgel, Schokolade und ein wenig Kleidung. Keine Luxusgegenstände oder andere besondere Dinge waren am Ende in diesem Koffer. Denn die alltäglichen Sachen, die ihm wichtig geworden waren, gab es in Vietnam nicht.

In Vietnam gibt es keine Sozialsysteme. Entweder man findet einen Job oder man hat eben nichts, um sein Leben zu finanzieren. Als älterer Mensch ohne soziales Netz oder Kontakte ist es sehr schwer, sich in Vietnam etwas aufzubauen. Es liegt also nun an uns, die in Deutschland leben, für den Lebensunterhalt meines Vaters zu sorgen. Es ist nicht nur ein individuelles Problem, wenn Menschen in strukturell bedingten schwierigen Umständen falsche Entscheidungen treffen. Fängt die Verantwortung Deutschlands mit dem Anwerben von Vertragsarbeiter*innen an und hört sie dann auf, wenn diese nach Jahrzehnten in ihre Herkunftsländer zurückgeschickt werden? Ich frage mich, ob es nicht eine Pflicht sein sollte, ehemaligen Vertragsarbeiter*innen, auch denen, die nicht mehr in Deutschland leben, eine Art Rente zu zahlen. Denn schließlich haben sie jahrelang in und für Deutschland gearbeitet. Darüber hinaus haben sie alles zurückgelassen, keinerlei Förderung bekommen und wurden ausgebeutet. Es wurde ihnen verwehrt, sich in der Gesellschaft einzufinden, indem sie bewusst isoliert und von der Dominanzgesellschaft abgeschirmt wurden. Wie kann man es also ehemaligen vietnamesischen Vertragsarbeiter*innen verübeln, dass manche nicht so gut Deutsch sprechen können, keinen gut bezahlten Job finden, der für die Lebensgrundlage sorgt, und sie deshalb auf Sozialleistungen angewiesen sind? Hat man ihnen jemals eine Chance gegeben? Es ist immer leicht, mit dem Finger auf diejenigen zu zeigen, die sich in den Augen der Dominanzgesellschaft nicht gut genug integriert haben. Dabei war die deutsche Politik im Fall vietnamesischer Vertragsarbeiter*innen nie auf Integration ausgerichtet, und bis heute legt sie Menschen mit Migrationsgeschichte Steine in den Weg.

Was hätte es für die DDR bedeutet, wäre das Vertragsarbeiter*innenabkommen niemals abgeschlossen worden? Fakt ist: Vietnames*innen sowie Arbeiter*innen aus anderen Ländern wie Mosambik oder auch der Türkei, haben einen großen Beitrag zum wirtschaftlichen Aufschwung sowohl in der DDR als auch in der BRD geleistet. Seit mindestens drei Generationen leben Vietnames*innen inzwischen in Deutschland und wir prägen die Gesellschaft wie andere migrantisierte Gruppen. Trotz der Widerstände. Politische Teilhabe bleibt zu vielen Menschen, die früher Vertragsarbeiter*innen waren, verwehrt. Wählen zu gehen bleibt nach wie vor ein großes Privileg. Doch auch gesellschaftliche Teilhabe ist nicht für jede*n unkompliziert möglich. An Repräsentation fehlt es an allen wichtigen Stellen. Dabei ist Repräsentation so wichtig für heranwachsende Generationen. Wie hätte ich als Kind oder Jugendliche auf die Idee kommen können, einmal dieses Buch zu schreiben?

Was machen Armut und Ausgrenzung in der Kindheit mit einem Menschen? Ständige Existenzängste und mich auf Gefahren einzustellen, sind fest in meinem Leben verankert. Insbesondere die Angst davor, wieder in der Armut zu landen, ist sehr präsent. So war es für mich lange Zeit unvorstellbar, beruflich etwas zu machen, das mich einfach interessiert oder mir sogar Spaß macht. Ich wurde krank und hatte mit einer Depression zu kämpfen. Es hat viel Kraft gekostet und jahrelange Aufarbeitung innerhalb einer Psychotherapie gebraucht, ehe ich mich dafür entscheiden konnte, meinen damaligen, gut bezahlten Job aufzugeben, der so konträr zu meiner Persönlichkeit und meinem Wertesystem und Grund für meine Krankheit war.

Eine Depression bedeutet unter anderem, dass man die Wut über etwas Externes gegen sich selbst richtet. Ich war so wütend über das System, über meine verlorene Kindheit, über die vielen Jahre, die ich nicht selbstbestimmt leben konnte, und diese Wut richtete ich gegen mich selbst. Das führte dazu, dass ich den größten Teil meines Lebens dachte, ich sei nicht genug, ich mache alles falsch und alle seien enttäuscht von mir. Dabei hatte ich mich doch so sehr angestrengt. Mich zu etwas zwingen, weil es das vermeintlich Beste für mich und für die Familie ist; mich in eine Form zu pressen und anzupassen, lernte ich von klein auf, weil ich mir Anschluss und Zugehörigkeit wünschte. Meine eigene Identität und Herkunft zu verstecken, hatte nachhaltige Folgen. Ich verlor meine eigene Sprache, wurde sprachlos. Ich habe vergessen, meine eigenen Bedürfnisse wahrzunehmen, oder es nie richtig gelernt. So ging und geht es nicht nur mir.

Ich glaube, als nichtbetroffene Person kann man sich nur schwer vorstellen, wie das Leben von Diskriminierung betroffener Menschen ist. Genauso ist es auch andersherum. Bevor ich eingeschult wurde und die ersten Freund*innenschaften mit Menschen außerhalb der Diaspora schloss, dachte ich, unser Leben sei ganz normal. Ich dachte, es sei normal, dass wir, wenn Klamotten nicht mehr passten, einfach neue auf dem Sperrmüll suchen. Ich wusste nicht, dass andere jederzeit in ein Geschäft gehen und sich einfach etwas kaufen konnten. Ich dachte, es sei normal, dass wir mit vielen anderen Familien in einer Wohngemeinschaft lebten und dass Kinder eben kein eigenes Zimmer oder kein eigenes Bett hätten. Ich dachte, Erwachsene müssen sich eben Sorgen machen, viele Probleme bewältigen und haben daher wenig Zeit für Kinder. Diese Wahrnehmung von »Normalität« änderte sich mit meiner Einschulung und es war so, als wäre eine Blase geplatzt. Was ich dabei bemerkt habe: Meine Blase ist geplatzt, nicht deren. Ich musste mich zurechtfinden. Ich wusste, dass unsere Art zu leben nicht einzigartig ist, da ich ja viele Menschen kannte, die so lebten. Dennoch wurde sie zu einem Nischenproblem gemacht. Wir sollten an den Rändern bleiben.

> *Doch wie gelingt es einem Menschen, so zu sprechen, dass er tatsächlich spricht? […] Wie kann er in einer Sprache existieren, in der er als Sprechender nicht vorgesehen war? Die nicht für ihn gedacht und gemacht ist? […] Wie spricht er, ohne sich selbst aus der Perspektive anderer zu beschreiben?*

Das fragt Kübra Gümüşay in ihrem Buch *Sprache und Sein*. Ich habe mir diese Fragen auch oft gestellt. Weiter: Wie finde ich einen Platz hier in dieser Gesellschaft, die eigentlich keinen Platz für mich hat? Auf die Fragen antwortete ich lange damit, mich möglichst klein zu machen, um nicht zu viel Raum einzunehmen. Ich machte mich so klein, dass ich unsichtbar wurde. Das Gleiche taten meine Eltern, und das Gleiche tun noch immer zu viele Menschen der vietnamesischen Diaspora. Meine Sprache fand ich in Fremdzuschreibungen und das nach wie vor. »*Asiatisch*« gelesen. Es gibt noch immer zu wenige Alternativen. Wieso werden wir »gelesen« und die anderen sind die Norm und müssen in keine Schublade passen?

Während ich diese Zeilen schreibe, befinde ich mich in einem kleinen Ort in Frankreich. Frankreich war für meine Großeltern immer ein Sehnsuchtsort, trotz oder vielleicht gerade aufgrund der jahrzehntelangen kolonialen Besetzung Vietnams durch Frankreich. Frankreich war für die Generation meiner Großeltern und auch die ihrer Eltern immer ein unerreichbarer Ort, den sie nur von Bildern und aus Erzählungen kannten. Es war ihr Traum, einmal nach Paris zu reisen und den Eiffelturm zu sehen. Leider haben sie es vor ihrem Tod nicht mehr geschafft. Heute sitze ich hier ganz selbstverständlich und schreibe mein Buch, das mitunter ihre Geschichte weitererzählt. Auch wenn sie das Buch nicht mehr lesen werden, so ist es doch heilsam, dass ich meine Stimme gefunden habe und dazu beitragen kann, dass die Unsichtbarkeit ein Ende hat.

Ich wünsche mir so sehr, dass meine Kinder in einer Welt aufwachsen, in der sie repräsentiert sind und sich damit identifizieren können. In der sie sich nicht verstellen müssen, sondern in der es ganz selbstverständlich ist, dass unsere Gesellschaft an ihrer Diversität wächst und es für alle einen Platz gibt. Mein Vater ist voller Hoffnung in die DDR gekommen. Meine Mutter ist es mit meinem zweijährigen Ich auch, und beide mussten ihre Hoffnung verlieren. Immer wieder. Ich konnte meinte Geschichte nicht schreiben, ohne die meiner Familie zu erzählen. Migrantisch situiertes Wissen ist wertvolles Wissen, das über Generationen und über Ländergrenzen hinweg weitergegeben wird, weil wir alle zwar unterschiedliche Geschichten haben, aber diese zu einer Einheit verschmelzen. Ausgrenzung, Diskriminierung und die Suche nach einem Ort auf dieser Welt, an dem wir sein können, wer wir sind.

Racial trauma durchzieht migrantisierte Communitys, und es ist wichtig, dass sich Betroffene, aber auch Nicht-Betroffene mit den Auswirkungen davon auseinandersetzen. Es beeinflusst die mentale Gesundheit und kann sich auch in körperlichen Symptomen wie Kopfschmerzen oder Schlaflosigkeit äußern. *Racial trauma* kann auch bedeuten, sich ständig schuldig zu fühlen, Selbstzweifel oder sogar Selbsthass zu empfinden und internalisierten Rassismus zu befördern. Es ist wichtig zu wissen, dass wir nicht allein damit sind. Ich wünsche mir, dass Menschen ihr *racial trauma* heilen können, das zum Teil über Generationen hinweg weitergegeben wird.

Welcher Weg hierfür gewählt wird, ist dabei ganz individuell. Es könnte helfen, sich mit Menschen, denen man vertraut, über die eigenen Erfahrungen auszutauschen und die eigenen Emotionen anzuerkennen. Es gibt Raum für diese Gefühle, so banal sie einem vielleicht selbst erscheinen. Eine andere Möglichkeit könnte darin bestehen, *Community Care* zu betreiben oder aktivistisch zu werden – *Empowerment through Resistance.*

Als ich anfing, öffentlich über meine Rassismuserfahrungen zu sprechen, stieß ich bei langjährigen Freund*innen auf den größten Widerstand. Sie fragten mich, warum ich nicht schon früher was gesagt habe, und meinten, sie hätten es nicht so empfunden, wie ich es empfand. Doch wie könnten sie auch etwas nachempfinden, wenn sie nicht betroffen sind? Ich glaube aber, ihre Gefühle nachvollziehen zu können, denn schließlich sind sie es, die viele meiner erlebten Rassismuserfahrungen entweder selbst reproduziert oder geduldet haben. Nicht aus böswilliger Absicht, sondern weil sie wie wir alle in einer rassistischen Gesellschaft sozialisiert wurden. Dennoch in die Aufarbeitung zu gehen und auch nach Jahren das Schweigen über Verletzungen der Vergangenheit zu brechen, ist ein Weg der Heilung, und das für beide Seiten.

Liebe Freundin,

*weißt du noch, als wir zusammen in der Schule im Geografieunterricht saßen und ein Mitschüler, der zwei Reihen vor uns saß, sagte, dass jede*r in seinem Land bleiben sollte, und daraufhin alle schwiegen?*

Weißt du noch, als ich im Sportunterricht einen Basketball gegen den Kopf geworfen bekommen habe und danach gesagt wurde, dass ich mich beruhigen soll, mein Kopf und meine Nase wären sowieso schon platt?

Weißt du noch, dass ich nie Kindergeburtstag gefeiert habe, weil meine Mutter sich für ihre fehlenden Deutschkenntnisse schämte?

Weißt du noch, als wir aufs Gymnasium kamen und in den Parallelklassen Gerüchte gestreut wurden, dass meine Familie jeden Tag Hund essen würde?

Weißt du, wie oft mir auf der Straße wildfremde Menschen »Ching Chang Chong« entgegengerufen haben?

Weißt du noch, als ich einen Nebenjob nur bekommen habe, weil der Chef meinte, als Asiatin wäre ich besonders fleißig, und nicht, weil ich es vielleicht wirklich war?

Weißt du noch, dass ich mich lange Zeit maximal sechs Monate außerhalb Deutschlands aufhalten durfte, weil ich sonst nicht hätte zurückkommen können?

Weißt du noch, dass meine Familienangehörigen Tausende Kilometer entfernt starben, und ich sie nicht noch mal sehen konnte, um mich von ihnen zu verabschieden?

Du weißt, dass es sehr viele Betroffene struktureller Diskriminierung gibt. Aber weißt du auch, dass ich zu denen gehöre?

Weißt du noch, dass ich niemanden hier hatte, mit dem ich mich über all diese Erfahrungen austauschen konnte? Weißt du, wie allein ich mich gefühlt habe?

Weißt du, dass es für mich ein großer Schritt war und ist, meine Erfahrungen überhaupt zu teilen?

Weißt du, wie es ist, immer ein Alien unter euch zu sein?

Weißt du, wie es sich anfühlt, wenn all das nicht nur nicht ernst, sondern auch nicht wahrgenommen wird? Weißt du, dass jedes einzelne Wegsehen immer noch schmerzt?

Vielleicht weißt du es nicht. Ich mache dir keinen Vorwurf. Aber ich wollte nur sagen: Ich wusste es schon immer. Nur habe ich darüber geschwiegen. Bis jetzt.

Wie kommt man von all den traumatischen Erfahrungen der eigenen Kindheit los? Auf diese Frage gibt es keine universelle Antwort, und ich bin nach wie vor im Prozess, diese Erinnerungen zu verarbeiten und einzuordnen. Die Psychotherapie hilft mir dabei, denn durch sie habe ich angefangen, mich einer mir anfangs völlig fremden Person zu öffnen. So habe ich gemerkt, wie befreiend es sich für mich anfühlt, all die Erinnerungen teilen zu können und nicht mehr allein damit sein zu müssen. Sie wurden so realer für mich und fühlten sich nicht mehr an wie ein langer, nicht enden wollender Fiebertraum. Wenn man von klein auf auf Assimilation trainiert ist, ist es schwer, diesen Anpassungsdruck von heute auf morgen zu verlernen. Ich muss mir immer wieder bewusst machen, dass ich wertvoll bin, auch wenn ich mich nicht den Erwartungen entsprechend verhalte, und dass meine Empfindungen valide sind.

Diesen Brief zu schreiben war für mich eine Möglichkeit, meinen Erfahrungen Ausdruck zu verleihen, ohne mich einer direkten Konfrontation aussetzen zu müssen. Mich erklären zu müssen, auch wenn es bei vertrauten Menschen ist, empfinde ich in vielen Situationen als gewaltvoll. Denn Aufarbeitung ist kein einseitiger Prozess und die Bringschuld migrantisierter Menschen kein Naturgesetz. Wenn ich an meine Kindheit denke, versuche ich, mir auch die schönen Momente in Erinnerung zu rufen. Die kleinen Augenblicke der Geborgenheit und des Wohlbefindens, die ich mir damals als Kind selbst geschaffen habe. Eine Erinnerung erfüllt mich mit Wärme: Es war in der Wohngemeinschaft, in der wir Mitte der 1990er in Leipzig Jahre vor meiner Einschulung lebten. Mein Kinderzimmer war der Platz über dem Kachelofen im Wohnzimmer, der nie richtig heiß wurde und deshalb die perfekt wohlige Temperatur einer Fußbodenheizung hatte, die ich damals natürlich nicht kannte, weil es so etwas noch gar nicht gab. Für uns sowieso nicht. Es war nicht wirklich mein Kinderzimmer, aber für mich war es der einzige Ort, der etwas Privatsphäre versprach und an dem ich mir ein Gefühl von Normalität herrichten konnte. An dem ich für mich sein konnte, auch wenn der Trubel, die stickige Luft der vielen Körper nur einen halben Meter unter mir waren. Dieser halbe Meter reichte mir jedoch, musste mir reichen, war er doch besser als nichts. Es war gemütlich, schön und warm. In all der Schwere fühle ich diese Momente der Hoffnung und der Geborgenheit in meiner Kindheit. Vorlesen am Abend oder gemeinsames Einschlafen in einem Bett und die Zeit mit meinem Bruder gehören auch dazu.

Schon immer ist Schreiben ein wichtiges emanzipatorisches Mittel für mich. Ich schrieb Tagebücher voller Gedanken, Gefühle und Träumereien. Dieses für mich so wichtige Instrument, welches meinen Eltern verwehrt geblieben war, ist zu meiner Leidenschaft geworden. Ich kann schreiben, und niemand kann vorgeben, wie und worüber ich schreibe. Wie die Leser*innenschaft das aufnimmt, interpretiert und wer es letztlich liest, kann ich nur bedingt beeinflussen, und so erschaffe ich etwas, das frei vom Außen ist und nur von mir bestimmt wurde. Ich schaffe einen Raum, den es vorher noch nicht gab und in dem die eine oder andere Person vielleicht ihren Platz findet, sich darin wiederfindet.

Wenn ich schreibe, fühle ich mich frei. Ich kann abwägen, korrigieren, revidieren und etwas so lange beschreiben, bis es sich richtig anfühlt. Ich darf Fehler machen. Dieses Recht nehme ich mir. Vor dem Sprechen habe ich manchmal noch Angst. Wenn ich spreche, denke ich zu viel oder zu wenig strukturiert. Ich werde zu dem kleinen Kind, das während des Sprechens nach den richtigen Worten sucht, abwägt, hadert, bis es vergisst, wo es war, und den Moment verpasst, die Enden zu einem sinnvollen Bogen zu spannen. Was ich suche, sind Worte, die widerspiegeln, wer ich wirklich bin, nicht, wer ich war. Nicht die unsichere Herz-auf-der-Zunge-Person, die schneller spricht, als sie denkt, und eigentlich viel zu sehr mit ihrer erdrückenden Umgebung beschäftigt war. Sondern eine, die bedächtig und nachdenklich ist, für die ausgesprochene Gedanken einen großen Wert haben. Dabei bin ich doch beides. Ich darf beides sein. Ich versuche, sanft zu mir zu sein, und das bedeutet auch, mir die Zeit zu geben, die ich brauche. Und das wünsche ich uns allen, die von Rassismus betroffen sind.

Die folgenden Worte richte ich an euch, die auch von anti-*asiatischem* Rassismus betroffen sind: Ich erzähle meine Geschichte in der Hoffnung, dass ihr es ebenfalls tun werdet. Ich hoffe, ich kann euch, die ihr von dieser Gesellschaft marginalisiert und unsichtbar gemacht werdet, dazu ermutigen, eure Perspektive zu teilen. Ich erhebe keinen Anspruch darauf, dass meine Erfahrungen die gleichen wie eure sind. Schließlich wurde uns unsere Individualität zu lange abgesprochen. Ich hoffe, dass ihr einen Weg findet, euch nicht mehr verstecken zu müssen, und dass es vielleicht Anknüpfungspunkte in meiner Geschichte gibt, die zeigen: Eure Diskriminierungserfahrungen sind real. Euer Schmerz ist real. Die Unsichtbarkeit muss ein Ende haben. Und das wird dann erst der Anfang sein.

DANKSAGUNG

Dieses Buch gäbe es nicht ohne die vielen Menschen, die an mich, meine Geschichte und die Wichtigkeit dieses Themas geglaubt hätten. Ebenso wäre es nicht ohne die Vorarbeit vieler Aktivist*innen, Journalist*innen, Wissenschaftler*innen der ost- und südostasiatischen Diaspora und Mitglieder von politischen Selbstorganisationen entstanden, die so ein umfangreiches Wissen generiert haben, aus dem ich schöpfen und eigene Bezüge herstellen konnte.

Ich danke dir Juliane Noßack. Du warst es, die mich fragte, ob ich Lust auf ein Buchprojekt hätte und die mich darin bestärkte, diesen Schritt zu wagen. Ohne dich wäre all das wahrscheinlich nicht passiert. Dafür werde ich dir für immer dankbar sein.

Mein großer Dank gilt auch dir, Thomas Schmidt-Wölke, für deine Unterstützung und dafür, dass du mir immer Rückendeckung gegeben hast. Ich danke meinen Lektorinnen Maria Barankow und Solveig Raschpichler. Maria, unser intensiver Austausch war sehr wertvoll für dieses Buch. Die Zusammenarbeit mit dir, Solveig, hat mich unglaublich bereichert. Du hast den Text auf eine nächste Ebene gebracht, Knoten gelöst und wichtige Fragen gestellt. Dafür danke ich dir von Herzen. Ich danke dir, Suse Umscheid, für das wichtige Sensitivity Reading. Denn ganz gleich, wie diskriminierungssensibel ich mich selbst einschätze, deine Expertise war für das Buch unabdinglich.

Ich danke meinen Freund*innen. Ihr wisst, wer ihr seid. Danke, dass ihr mir in der Zeit des intensiven Schreibens und auch darüber hinaus stets eine Schulter zum Anlehnen geboten habt.

Doch all das wäre ohne die Unterstützung meiner Familie nicht machbar gewesen.

Danke em Tung, danke mẹ. Con yêu mẹ.

Mein größter Dank geht an meinen Partner. Danke, dass du die Nächte mit unserer Tochter übernommen hast, während ich hochschwanger am Text saß. Danke, dass du jeden meiner Zweifel hundert Mal gehört und dann hast verschwinden lassen. Du bist mein Anker. Ich liebe euch L., L und A.

ANMERKUNGEN

Kapitel 1

1 Statistisches Bundesamt: *Bevölkerung und Erwerbstätigkeit. Ausländische Bevölkerung, Ergebnisse des Ausländerzentralregisters,* 29. März 2021, https://www.destatis.de/DE/Themen/Gesellschaft-Umwelt/Bevoelkerung/Migration-Integration/Publikationen/Downloads-Migration/auslaend-bevoelkerung-2010200207004.pdf?__blob=publicationFile, letzter Zugriff 10. Mai 2023.

2 Kirsten Praller: *Der Nachname Nguyen*, Planet Wissen, 21. April 2020, https://www.planet-wissen.de/kultur/asien/vietnam/vietnam-nguyen-100.html letzter Zugriff 10. Mai 2023.

3 Beispiele: (1) »Korientation e. V.: *In the Name Of« – Diskussion zu Begriffen und Positionierungen der Asiatisch-Deutschen Communitys 2020*, https://www.korientation.de/projekte/projekte-verein/in-the-name-of/, letzter Zugriff 18. Dezember 2022; (2) Urmila Goel & Jee-Un Kim, Nivedita Prasad, Kien Nghi Ha im Gespräch: »Selbstorganisation und (pan-)asiatische Identitäten: Commu-

nity, People of Color und Diaspora«; (3) Ruth Mayer: »Asiatische Diaspora: Begriffe, Geschichte, Debatten«. (2) und (3) In: *Asiatische Deutsche Extended*, Assoziation A, Berlin/Hamburg, 2021.

4 Lindsay Richardson: »Inuit getting caught up in anti-Asian hate crimes in Montreal, advocates say«. In: *APTN News*, Montreal, 14. April 2020, https://www.aptnnews.ca/national-news/inuit-getting-caught-up-in-anti-asian-hate-crimes-in-montreal-advocates-say/, letzter Zugriff 1. Dezember 2022.

5 Urmila Goel & Jee-Un Kim, Nivedita Prasad und Kien Nghi Ha: »Selbstorganisation und (pan-)asiatische Identitäten: Community, People of Color und Diaspora«. In: *Asiatische Deutsche Extended*, Assoziation A, Berlin/Hamburg, 2021, S. 69 ff.

6 Statistisches Bundesamt: *Migration und Integration*, https://www.destatis.de/DE/Themen/Gesellschaft-Umwelt/Bevoelkerung/Migration-Integration/_inhalt.html, letzter Zugriff 10. Mai 2023.

7 Hendrik Lasch: *Einsam und herzlos entschieden. Sachsens Härtefallkommission soll Fall einer deutsch-vietnamesischen Familie nicht erneut behandeln*, nd, 17. August 2022, https://www.nd-aktuell.de/artikel/1166185.abschiebung-in-sachsen-einsam-und-herzlos-entschieden.html, letzter Zugriff 1. Juni 2023.

8 Bundesministerium für Justiz: *Gesetz über den Aufenthalt, die Erwerbstätigkeit und die Integration von Ausländern im Bundesgebiet 1) (Aufenthaltsgesetz – AufenthG) § 9 Niederlassungserlaubnis*, https://www.gesetze-im-internet.de/aufenthg_2004/__9.html, letzter Zugriff 10. Mai 2023.

9 Der sächsische Ausländerbeauftragte: *Härtefallkommission*, https://sab.landtag.sachsen.de/de/haertefallkommission-19076.cshtml, letzter Zugriff 10. Mai 2023.

10 Bundesministerium für Justiz: *Gesetz über den Aufenthalt, die Erwerbstätigkeit und die Integration von Ausländern im Bundesgebiet 1) (Aufenthaltsgesetz – AufenthG) § 25 Aufenthalt aus humanitären Gründen*, https://www.gesetze-im-internet.de/aufenthg_2004/__25.html, letzter Zugriff 10. Mai 2023.

Kapitel 2

1 Andreas Margara: *Geteiltes Land, geteiltes Leid. Geschichte der deutsch-vietnamesischen Beziehungen von 1945 bis zur Gegenwart.* regiospectra Verlag, Berlin, 2022, S. 13.

2 Manfred Horr: »Demographische Merkmale, berufliche Qualifikationen und Erwerbstätigkeit der Vietnamesen in den alten Bundesländern.« In: H. W. Schönmeier (Hrsg.): *Prüfung der Möglichkeiten eines Fachkräfteprogramms Vietnam.* Sozialwissenschaftliche Studien zu internationalen Problemen, Saarbrücken, 1991, S. 48 ff.

3 Olaf Beuchling: *Vom Bootsflüchtling zum Musterschüler. Migration, Integration und schulischer Erfolg in einer vietnamesischen Exilgemeinschaft*, Waxmann, Münster, 2001, S. 21.

4 Frank Bösch: »Engagement für Flüchtlinge. Die Aufnahme vietnamesischer ›Boat People‹ in der Bundesrepublik.« In: *Zeithistorische Forschungen/Studies in Contemporary History*, Online-Ausgabe, 14, 2017, S. 13–40.

5 Andreas Margara: *Geteiltes Land, geteiltes Leid. Geschichte der deutsch-vietnamesischen Beziehungen von 1945 bis zur Gegenwart.* regiospectra Verlag, Berlin, 2022, S. 61.

6 Hermann Schreiber: »Das wahre Ungemach ist Made in Germany.« In: *SPIEGEL* 39/1966, S. 141.

7 Andreas Margara: *Geteiltes Land, geteiltes Leid. Geschichte der deutsch-vietnamesischen Beziehungen von 1945 bis zur Gegenwart.* regiospectra Verlag Berlin, 2022, S. 65.

8 Ebd., S. 138.

9 Ebd., S. 61.

10 Ebd., S. 141.

11 Cap Anamur, Deutsche Notärzte e. V., https://cap-anamur.org/ueber-uns/geschichte/, letzter Zugriff 15. Oktober 2022.

12 Andreas Margara: *Geteiltes Land, geteiltes Leid. Geschichte der deutsch-vietnamesischen Beziehungen von 1945 bis zur Gegenwart.* regiospectra Verlag, Berlin, 2022, S. 130.

13 Uta Beth u. Anja Tuckermann: *Heimat ist da, wo man verstanden wird. Junge VietnamesInnen in Deutschland.* Archiv der Jugendkulturen Verlag KG, Berlin, 2008, S. 24.

14 Ebd., S. 27.

15 Ebd., S. 41.

16 Uta Beth u. Anja Tuckermann: »Geschichte, Arbeit und Alltag vietnamesischer Migrant_innen.« In: *Asiatische*

Deutsche Extended. Vietnamesische Diaspora and Beyond. Kien Nghi Ha (Hrsg.), Assoziation A, Berlin/Hamburg, 2021, S. 111 ff.

17 Ebd., S. 111 ff.

18 Ann-Judith Rabenschlag: *Arbeiten im Bruderland. Arbeitsmigranten in der DDR und ihr Zusammenleben mit der deutschen Bevölkerung.* Bundeszentrale für politische Bildung, Bonn, 2016, https://www.bpb.de/themen/deutschlandarchiv/233678/arbeiten-im-bruderland/, letzter Zugriff 9. Januar 2023.

19 Amadeu Antonio Stiftung: *Ein neues Leben in der DDR: ehemalige Vertragsarbeiter erzählen ihre Geschichte,* Berlin, 2018, https://www.amadeu-antonio-stiftung.de/neues-leben-in-der-ddr-5957/, letzter Zugriff 9. Januar 2023.

20 Ebd., S. 50.

21 Jonathan Radkowski: *Ost und West. Ein Vergleich.* Bonn, 2021, https://www.bpb.de/themen/deutschlandarchiv/340957/ost-und-west-ein-vergleich/, letzter Zugriff 9. Januar 2023.

22 Uta Beth u. Anja Tuckermann: *Heimat ist da, wo man verstanden wird. Junge VietnamesInnen in Deutschland.* Archiv der Jugendkulturen Verlag KG, Berlin, 2008, S. 19–20.

23 Marina Mai: *Vietnamesische Vertragsarbeiter/innen in Deutschland*, Heinrich-Böll-Stiftung, 2020, https://www.boell.de/de/2020/04/24/vietnamesische-vertragsarbeiterinnen-deutschland, letzter Zugriff 19. Dezember 2022.

Kapitel 3

1 Judith Gampl: »Wenig Zukunft für Vertragsarbeiter.« In: *taz*, 14. April 1994, https://taz.de/Wenig-Zukunft-fuer-Vertragsarbeiter/!1567551/, letzter Zugriff 8. Januar 2023.

2 Die Bundesregierung: *Asylbewerber im Jahr 1991*, Berlin, 1992, https://www.bundesregierung.de/breg-de/service/bulletin/asylbewerber-im-jahr-1991-791560, letzter Zugriff 8. Januar 2023; Die Bundesregierung: *asylbewerberzahlen im dezember 1994 und jahresuebersicht 1994 – das bundesministerium des innern teilt mit*, Berlin, 1995, https://www.bundesregierung.de/breg-de/service/bulletin/asylbewerberzahlen-im-dezember-1994-und-jahresuebersicht-1994-das-bundesministerium-des-innern-teilt-mit-790576, letzter Zugriff 8. Januar 2023.

3 Bundesministerium für Justiz: *Gesetz über den Aufenthalt, die Erwerbstätigkeit und die Integration von Ausländern im Bundesgebiet 1) (Aufenthaltsgesetz – AufenthG) § 60a Vorübergehende Aussetzung der Abschiebung (Duldung)*, https://www.gesetze-im-internet.de/aufenthg_2004/__60a.html, letzter Zugriff 10. Mai 2023.

4 Bundesgesetzblatt: *Gesetz zur Änderung ausländer- und asylverfahrensrechtlicher Vorschriften*, Berlin, 1997, https://www.bgbl.de/xaver/bgbl/start.xav?start=-%2F%2F*%5B@attr_id%3D%27bgbl197s2584.pdf%27-%5D#__bgbl__%2F%2F*%5B%40attr_id%3D%27bgbl197s2584.pdf%27%5D__1686471303438, letzter Zugriff 9. April 2023.

5 Archiv, Erlass Nr. 30/2002 Rückübernahmeabkommen Vietnam vom 21. Juli 1995, https://bravors.brandenburg.de/verwaltungsvorschriften/er_nr_30_2002, letzter Zugriff 9. April 2023.

6 Victoria Rietig u. Mona Lou Günnewig: »Deutsche Rückkehrpolitik und Abschiebungen.« In: *Deutsche Gesellschaft für Auswärtige Politik*, Berlin, 2020, https://dgap.org/de/forschung/publikationen/deutsche-rueckkehrpolitik-und-abschiebungen, letzter Zugriff 10. April 2023.

Kapitel 4

1 Jochen Oltmer: »›Geduldet‹ und ›rückgeführt‹. Schutzsuchende aus den postjugoslawischen Kriegen der 1990er-Jahre in Deutschland.« In: Bundeszentrale für politische Bildung, Bonn, 2023, https://www.bpb.de/themen/migration-integration/laenderprofile/517151/geduldet-und-rueckgefuehrt/, letzter Zugriff 10. März 2023.

2 Julian Moering: »Darmstadt sendet ein fatales Signal.« In: *Hessenschau*, Frankfurt, 2023, https://www.hessenschau.de/gesellschaft/probleme-in-der-auslaenderbehoerde-darmstadt-sendet-ein-fatales-signal-v1,-darmstadt-auslaenderbehoerde-kommentar-100.html, letzter Zugriff 1. März 2023.

3 Statistisches Bundesamt: *Diskriminierung am Arbeitsplatz*, 2015, https://www.destatis.de/DE/Themen/Arbeit/Arbeitsmarkt/Qualitaet-Arbeit/Dimension-7/diskriminierung-arbeitsplatzl.html, letzter Zugriff 1. März 2023.

4 Bundesinstitut für Bevölkerungsforschung, https://www.bib.bund.de/Publikation/2013/Potenzial-fuer-Bundestagswahlen-Politische-Partizipation-von-Drittstaatsangehoerigen.html?nn=1219558, letzter Zugriff 18. August 2023.

5 Bundesministerium für Justiz: *Bekanntmachung über die Höhe der Leistungssätze nach § 3a Absatz 4 des Asylbewerberleistungsgesetzes für die Zeit ab 1. Januar 2023*, https://www.gesetze-im-internet.de/asylblg_3aabs4bek_2023/BJNR260100022.html, letzter Zugriff 1. März 2023.

Kapitel 5

1 o. V.: »Viele Kinder können nicht ausreichend lesen und schreiben.« In: *Süddeutsche Zeitung*, 13. Dezember 2021, https://www.sueddeutsche.de/bildung/bildung-viele-kinder-koennen-nicht-ausreichend-lesen-und-schreiben-dpa.urn-newsml-dpa-com-20090101-211213-99-366864, letzter Zugriff 23. Mai 2023.

2 o. V.: *»›Alarmierend‹ viele Kinder können nicht richtig lesen.« In: spektrum.de*, 16. Mai 2023, https://www.spektrum.de/news/iglu-studie-alarmierend-viele-kinder-koennen-nicht-richtig-lesen/2141013, letzter Zugriff 20. Mai 2023.

3 Erin Blakemore: »Asiaten als Vorzeige-Minderheit: Geschichte eines rassistischen Mythos.« In: *National Geographic*, 4. Juni 2021, https://www.nationalgeographic.de/geschichte-und-kultur/2021/06/asiaten-als-vorzeige-

minderheit-geschichte-eines-rassistischen-mythos, letzter Zugriff 15. März 2023.

4 Ebd.

5 Tamara Hentschel, Thuy Nonnemann, Alke Wierth und Günter Piening im Gespräch: »Eine Integrationsdebatte der anderen Art – Von der illegalisierten ›Zigarettenmafia‹ zum ›Musterschüler‹?« In: *Asiatische Deutsche Extended*, Assoziation A, Berlin/Hamburg, 2021, S. 197 ff.

6 Hannah Eitel: »Der Staat macht mit – Institutioneller Rassismus bei der Polizei.« In: *Asiatische Deutsche Extended*, Assoziation A, Berlin/Hamburg, 2021, S. 193

7 Amma Yeboah: *Rassismus und psychische Gesundheit in Deutschland,* https://rassismusbericht.de/wp-content/uploads/Rassismus-und-psychische-Gesundheit.pdf, letzter Zugriff 4. November 2022.

8 Mary Bresnahan, Yi Zhu, Anne Hooper, Sarah Hipple, Lucas Savoie: *Anti-Asian stigma: A study on COVID-19's detrimental effects on Asian Americans,* https://www.apa.org/pubs/highlights/spotlight/issue-238, letzter Zugriff 1. Oktober 2022.

9 Stop AAPI Hate: T*wo Years and Thousands of Voices: What Community-Generated Data Tells Us About Anti-AAPI Hate,* 2022, https://stopaapihate.org/wp-content/uploads/2022/07/Stop-AAPI-Hate-Year-2-Report.pdf, letzter Zugriff 5. April 2023.

10 Ich bin kein Virus – Dein Netzwerk gegen Rassismus, https://www.ichbinkeinvirus.org/erfahrungsbericht/?id=162, letzter Zugriff 5. Januar 2023.

Kapitel 6

1 Nhi Le: »Die Darstellung ostasiatischer Frauen macht mich wütend.« In: *Süddeutsche Zeitung Jetzt*, 11. August 2020, https://www.jetzt.de/glotzen/the-female-gaze-folge-5-die-rassistisch-sexistische-darstellung-von-ostasiatischen-frauen, letzter Zugriff 6. Oktober 2022.

2 NDR-Doku: *Thailand: Die Rückkehr der Sextouristen*, https://www.youtube.com/watch?v=x9m2qg1_-Vk&themeRefresh=1, letzter Zugriff 10. Dezember 2022.

3 Homepage Admiralspalast: https://www.admiralspalast.theater/veranstaltung/madama-butterfly-ukrainian-national-opera.html, letzter Zugriff 11. Juni 2023.

4 Korbinian Eisenberger: »Gute Miene zu Mai-Ling.« In: *Süddeutsche Zeitung*, 13. April 2018, https://www.sueddeutsche.de/muenchen/ebersberg/kritik-gute-miene-zu-mai-ling-1.3943608, letzter Zugriff 22. April 2023.

5 Stefan Schultz: »So leben Thailands Ladyboys.« In: *Der Spiegel*, 8. Juni 2019, https://www.spiegel.de/politik/ausland/thailand-so-leben-ladyboys-a-1270740.html, letzter Zugriff, 8. April 2023.

6 o. V.: »Dessau: Sex-Mord an chinesischer Studentin Yangjie Li.« In: *Mitteldeutsche Zeitung*, 24. Mai 2016, https://www.mz.de/lokal/dessau-rosslau/dessau-sex-mord-an-chinesischer-studentin-yangjie-li-1166089, letzter Zugriff 30. November 2022.

7 o. V.: »Mordfall Yangjie Li: eine Chronologie der Ereignisse.« In: *MDR Sputnik*, 4. August 2017, https://www.

sputnik.de/sendungen/tagesupdate/grausamer_mordfall_yangjie_li-100.html, letzter Zugriff 30. November 2022.

8 o. V.: »Yangjie Li litt stundenlang – lebenslange Haft.« In: *Kölner Stadtanzeiger*, 4. August 2017, https://www.ksta.de/politik/mord-an-chinesischer-studentin-yangjie-li-litt-stundenlang-lebenslange-haft-116870, letzter Zugriff 8. August 2023.

9 Steffen Brachert u. Alexander Schierholz: »Mordfall Yangjie Li: Innenminister Holger Stahlknecht suspendiert Polizeichef.« In: *Mitteldeutsche Zeitung*, 6. Juni 2016, https://www.mz.de/lokal/dessau-rosslau/mordfall-yangjie-li-innenminister-holger-stahlknecht-suspendiert-polizeichef-1172301, letzter Zugriff: 8. August 2023.

10 Annette Ramelsberger: »Familienabgründe.« In: *Süddeutsche Zeitung*, 30. Mai 2017, https://www.sueddeutsche.de/panorama/prozess-in-dessau-familienabgruende-1.3528206, letzter Zugriff 30. November 2022

11 o. V.: »Eine offenbar unendliche Affäre in Sachsen-Anhalt.« In: *DokZentrum anstageslicht.de*, 11. Oktober 2015, https://www.anstageslicht.de/rechtsradikalismus-neonazis-nazis/dessau-staatliche-neo-nazi-bekaempfer-kaltgestellt/einblick-in-die-dessauer-polizeiaffaere/, letzter Zugriff 1. Dezember 2022.

12 Frank Jansen: »Das ist doch nur für die Galerie.« In: *Tagesspiegel*, 12.05.2007, https://www.tagesspiegel.de/politik/das-ist-doch-nur-fur-die-galerie-1489915.html, letzter Zugriff 7. September 2023.

13 Ralf Böhme: »Mordprozess Yangjie Li in Dessau: Handyauswertung: Xenia I. fühlte sich von Sebastian F.

bedroht.« In: *Mitteldeutsche Zeitung*, 28. März 2017, https://www.mz.de/lokal/dessau-rosslau/mordprozess-yangjie-li-in-dessau-handyauswertung-xenia-i-fuhlte-sich-von-sebastian-f-bedroht-1291633, letzter Zugriff 1. Dezember 2022.

14 United Nations Office On Drugs and Crime (UNODC): *Global Repors on Trafficking in Persons 2022,* https://www.unodc.org/documents/data-and-analysis/tip/2021/GLOTiP_2020_15jan_web.pdf, letzter Zugriff 2. Dezember 2022.

15 Ban Ying, https://www.ban-ying.de/unsere-themen/menschenhandel, letzter Zugriff 2. Dezember 2022.

Kapitel 7

1 Initiative Châu und Lân: https://inihalskestrasse.blackblogs.org/aufruf-und-forderungen/, letzter Zugriff 10. September 2022.

2 Bundesinstitut für Bevölkerungsforschung: *Registrierte Asylanträge 1990–2000,* https://www.bib.bund.de/DE/Fakten/Fakt/M21-Registrierte-Asylantraege-ab-1990.html, letzter Zugriff 10. Mai 2023.

3 o. V.: »Wir halsen Berlin unsere Flüchtlinge auf.« In: *Der Spiegel* 31/1986, https://www.spiegel.de/politik/wir-halsen-berlin-unsere-fluechtlinge-auf-a-a63121a3-0002-0001-0000-000013519506?context=issue, letzter Zugriff 9. Oktober 2022.

4 Patrick Gensing: »Schlagworte und Brandsätze: Die

›Asyldebatte‹ gestern und heute.« In: *Heinrich-Böll-Stiftung*, 20. August 2015, https://www.boell.de/de/2015/08/20/die-asyldebatte-gestern-und-heute, letzter Zugriff 9. Oktober 2022.

5 Ebd.

6 Thilo Schmidt: »Ausländerjagd im rechtsfreien Raum.« In: *Deutschlandfunk Kultur*, 15. September 2016, https://www.deutschlandfunkkultur.de/rassistische-ausschreitungen-in-hoyerswerda-100.html, letzter Zugriff 16. Oktober 2022; Bundeszentrale für politische Bildung: *Vor 30 Jahren: Rechtsextreme Ausschreitungen in Hoyerswerda*, 16. September 2021, https://www.bpb.de/kurz-knapp/hintergrund-aktuell/340381/vor-30-jahren-rechtsextreme-ausschreitungen-in-hoyerswerda/, letzter Zugriff 16. Oktober 2022; Bernhard Honnigfort: »Flüchtlinge kehren zurück nach Hoyerswerda.« In: *Frankfurter Rundschau*, 3. Februar 2014, https://www.fr.de/panorama/fluechtlinge-kehren-zurueck-nach-hoyerswerda-11223740.html, letzter Zugriff 16. Oktober 2022.

7 o. V.: »Hoyerswerda 1991: die erste ›ausländerfreie‹ Stadt Deutschlands.« In: *Mitteldeutscher Rundfunk*, 13. September 2022, https://www.mdr.de/geschichte/zeitgeschichte-gegenwart/politik-gesellschaft/hoyerswerda-rassismus-gewalt-skinheads-100.html, letzter Zugriff 16. Oktober 2022.

8 Antifaschistisches Infoblatt: *Fünf Tage im September 1991,* 15. September 2011, https://www.antifainfoblatt.de/artikel/fünf-tage-im-september-1991, letzter Zugriff 16. Oktober 2022.

9 Hans Pfeifer: »Die Schatten der Wiedervereinigung.« In: *DW*, 24. August 2022, https://www.dw.com/de/30-jahre-ausschreitungen-rostock-lichtenhagen/a-62908035, letzter Zugriff 2. Februar 2023; o. V.: »Rostock-Lichtenhagen 1992: Chronologie der Krawalle.« In: *Norddeutscher Rundfunk*, https://www.ndr.de/geschichte/schauplaetze/Rostock-Lichtenhagen-1992-Chronologie-der-Krawalle,lichtenhagen161.html, letzter Zugriff 2. Februar 2023; o. V.: »Anschlag in Rostock-Lichtenhagen: Vor 30 Jahren brannte das ›Sonnenblumenhaus‹.« In: *ZDF*, 22. August 2022, https://www.zdf.de/nachrichten/panorama/sonnenblumenhaus-rostock-lichtenhagen-gedenken-steinmeier-30-jahre-100.html, letzter Zugriff 2. Februar 2023.

10 Thilo Schmidt: »Der Sündenfall.« In: *Deutschlandfunk Kultur*, 24. August 2007, https://www.deutschlandfunkkultur.de/der-suendenfall-100.html, letzter Zugriff 3. Februar 2023.

11 Jochen Schmidt: *Politische Brandstiftung. Warum 1992 in Rostock das Asylbewerberheim in Flammen aufging.* Berlin 2002, S. 157.

12 Ebd., S. 182.

13 o. V.: »Ernstes Zeichen an der Wand.« In: *Der Spiegel* 36/1992, 30. August 1992, https://www.spiegel.de/politik/ernstes-zeichen-an-der-wand-a-eb1b8609-0002-0001-0000-000013689982, letzter Zugriff 8. August 2023.

14 Monika Köpcke: »Als sich Union und SPD auf ein neues Asylrecht einigten.« In: *Deutschlandfunk Kultur*,

6. Dezember 2022, https://www.deutschlandfunk.de/asylkompromiss-102.html, letzter Zugriff 30. August 2023.

15 Bundesministerium für Justiz: *Asylgesetz (AsylG) § 26a Sichere Drittstaaten,* https://www.gesetze-im-internet.de/asylvfg_1992/__26a.html, letzter Zugriff 10. September 2022.

16 Entwurf zur Änderung des Grundgesetzes (Artikel 16 und 18), https://dserver.bundestag.de/btd/12/041/1204152.pdf, letzter Zugriff 10. September 2022.

17 Bundesamt für Migration und Flüchtlinge: *Flughafenverfahren,* https://www.bamf.de/DE/Themen/AsylFluechtlingsschutz/Sonderverfahren/Flughafenverfahren/flughafenverfahren-node.html, letzter Zugriff 10. September 2022.

18 Bundesministerium für Justiz: *Asylbewerberleistungsgesetz* (AsylbLG), https://www.gesetze-im-internet.de/asylblg/BJNR107410993.html, letzter Zugriff 10. September 2022.

19 Bundesministerium für Justiz: *Grundgesetz für die Bundesrepublik Deutschland Art 16a,* https://www.gesetze-im-internet.de/gg/art_16a.html, letzter Zugriff 10. September 2022.

20 Bundeszentrale für politische Bildung: *Vor zwanzig Jahren: Einschränkung des Asylrechts 1993*, 24. Mai 2013, https://www.bpb.de/kurz-knapp/hintergrund-aktuell/160780/vor-zwanzig-jahren-einschraenkung-des-asylrechts-1993/, letzter Zugriff 15. September 2022.

21 EUR-Lex, Access to European Union law, https://eur-lex.

europa.eu/DE/legal-content/summary/dublin-ii-regulation.html, letzter Zugriff 16. September 2022.

22 Kien Nghi Ha: »Rostock-Lichtenhagen – Die Rückkehr des Verdrängten.« In: *Asiatische Deutsche Extended*, Assoziation A, Berlin/Hamburg, 2021.

23 Thomas Prenzel (Hrsg.): *20 Jahre Rostock-Lichtenhagen. Kontext, Dimensionen und Folgen der rassistischen Gewalt*, Universität Rostock, Institut für Politik- und Verwaltungswissenschaften, 2012; Heike Kleffner: »Hoyerswerda, Rostock, Cottbus. Rassistische Mobilisierung und Gewalt seit 1989/90.« In: Christoph Kopke (Hrsg.): *Angriffe auf die Erinnerung an die nationalsozialistischen Verbrechen. Rechtsextremismus in Brandenburg und die Gedenkstätte Sachsenhausen*, hrsg. im Auftrag des Moses-Mendelssohn-Zentrums für europäisch-jüdische Studien und der Stiftung Brandenburgische Gedenkstätten, Berlin, 2014, S. 79–96; Gudrun Heinrich: »Rostock-Lichtenhagen 1992–2017: Aufarbeitung und Erinnerung als Prozess der lokalen politischen Kultur – Ein Essay.« In: Martin Koschkar u. Clara Ruvituso (Hrsg.): *Politische Führung im Spiegel regionaler politischer Kultur*, Wiesbaden, 2018, S. 293–309.

24 o. V.: »Claudia Roth gedenkt Opfer der Anschläge von Rostock-Lichtenhagen.« In: *Zeit Online*, 22. August 2022, https://www.zeit.de/gesellschaft/zeitgeschehen/2022-08/claudia-roth-rostock-lichtenhagen-30-jahrestag, letzter Zugriff 8. August 2023.

Kapitel 8

1 Lars Amenda: *»Chinesenaktion«: Zur Rassenpolitik und Verfolgung im nationalsozialistischen Hamburg,* Hamburg, 2005, S. 119 ff.

2 Lars Amenda: *Fremde, Hafen, Stadt: chinesische Migration und ihre Wahrnehmung in Hamburg* 1897–1972, S. 115 ff., S. 124.

3 Heinrich-Böll-Stiftung: *Die China-Berichterstattung in den deutschen Medien*, Berlin, 2010, https://www.boell.de/sites/default/files/endf_studie_china-berichterstattung.pdf, letzter Zugriff 8. August 2023.

4 Marcel Grzanna: »Menschenrechtsverletzungen in Xinjiang: Wird jetzt das VW-Werk untersucht?« In: *Frankfurter Rundschau*, 6. Juni 2023, https://www.fr.de/wirtschaft/vw-volkswagen-audit-xinjiang-china-menschenrechte-uiguren-tbl-92327551.html, letzter Zugriff 16. August 2023.

5 Mediendienst Integration: *Anti-asiatischer Rassismus in der Corona-Zeit*, 2021, https://mediendienst-integration.de/fileadmin/Dateien/Factsheet_Anti_Asiatischer_Rassismus_Final.pdf, letzter Zugriff 10. März 2022.

6 Filmmuseum Potsdam: *Corona: Die Pandemie und die Schuppentiere,* 17. November 2021, https://www.filmmuseum-potsdam.de/Corona-Die-Pandemie-und-die-Schuppentiere.html, letzter Zugriff 12. Mai 2023.

7 Mediendienst Integration: *Anti-asiatischer Rassismus in der Corona-Zeit,* 2021, https://mediendienst-integration.

de/fileadmin/Dateien/Factsheet_Anti_Asiatischer_Rassismus_Final.pdf, letzter Zugriff 14. Oktober 2022.

8 Ich bin kein Virus: https://www.ichbinkeinvirus.org/erfahrungsbericht/?id=145, letzter Zugriff 19. Oktober 2022.

9 Georg Fahrion, Kristina Gnirke, Veronika Hackenbroch, Martin Hesse, Martin U. Müller, Katharina Graça Peters, Michael Sauga u. Bernhard Zand: *Der Spiegel: Wenn die Globalisierung zur tödlichen Gefahr wird,* Ausgabe 6/2020, https://www.spiegel.de/ausland/coronavirus-wenn-die-globalisierung-zur-toedlichen-gefahr-wird-a-00000000-0002-0001-0000-000169240263, letzter Zugriff 9. November 2022.

10 Christina Berndt: »Corona in China. Wie die Führung in Peking mit Menschenleben spielt – nicht nur im eigenen Land«, in: *Süddeutsche Zeitung*, 26. Dezember 2022, https://www.sueddeutsche.de/meinung/corona-china-who-pandemie-kommentar-1.5721868?reduced=-true, letzter Zugriff 9. November 2022.

11 Vanessa Thompson: »›Racial Profiling‹, institutioneller Rassismus und Interventionsmöglichkeiten«, in: Bundeszentrale für politische Bildung, 27. April 2020, https://www.bpb.de/themen/migration-integration/kurzdossiers/migration-und-sicherheit/308350/racial-profiling-institutioneller-rassismus-und-interventionsmoeglichkeiten/, letzter Zugriff 20. Januar 2023.

12 Deutsches Volksliedarchiv DVA Nr. A 146178, aufgezeichnet von Lehrer Horn in Bublitz, heute Bobolice.

13 Bjarne Kommnick: »Rassistisch: ›Drei Chinesen mit dem Kontrabass‹ soll man nicht mehr singen.« In: 24hamburg, 14. September 2021, https://www.24hamburg.de/niedersachsen/rassistisch-drei-chinesen-mit-dem-kontrabass-soll-man-nicht-mehr-singen-zr-90975436.html, letzter Zugriff 20. Januar 2023.

14 Beispiele YouTube-Kanäle:
Sing mit mir Kinderlieder: https://www.youtube.com/watch?v=9C2cLTif4QU, letzter Zugriff 20. Januar 2023; Muenchmedia: https://www.youtube.com/watch?v=A-YaRCtgM7ls, letzter Zugriff 20. Januar 2023; Klassische Kinderlieder: https://www.youtube.com/watch?v=U-6HAdUBBg0, letzter Zugriff 20. Januar 2023.

15 Twitter-Account Meron Mendel: https://twitter.com/MeronMendel/status/1347160355773014017, letzter Zugriff 20. Januar 2023.

16 Viola Schenz: »›Tiger Moms‹ stürmen US-Unis.« In: *Süddeutsche Zeitung*, 3. August 2016, https://www.sueddeutsche.de/bildung/studium-tiger-moms-stuermen-us-unis-1.3100016, letzter Zugriff 21. Dezember 2022.

17 Janssie Zhu: »Some Chinese Students Shun The ›Rich‹ Title.« In: *VOA*, 23. November 2018, https://www.voanews.com/a/us-colleges-expensive-for-chinese-students/4671154.html, letzter Zugriff 15. August 2023.

18 o. V.: »In der Höhle der Tigerin.« In: *Wirtschaftswoche*, 10. April 2011, https://www.wiwo.de/erfolg/trends/amy-chua-in-der-hoehle-der-tigerin-seite-2/5256822-2.html, letzter Zugriff 15. August 2023.

19 Jacques Novikov: »Le péril jaune.« In: *Revue Internatio-*

nale de Sociologie. V. Giard & E. Brière Libraires-Éditeurs. Paris, 1897.

20 Karl Marx: »Chinesisches.« In: *Die Presse* Nr. 185, Juli 1862, *http://www.mlwerke.de/me/me15/me15_514.htm*, letzter Zugriff 15. August 2023.

21 Peter Dittmar: »Die ewige Angst vorm Chinesen.« In: *Welt*, 26. Januar 2020, https://www.welt.de/geschichte/article205323439/Gelbe-Gefahr-Die-ewige-Angst-vor-dem-Chinesen.html, letzter Zugriff 15. August 2023.

Kapitel 9

1 Erin Blakemore: »Attilas Hunnen: Wer waren die Reiternomaden aus dem Osten?« In: *National Geographic*, 13. September 2019, https://www.nationalgeographic.de/geschichte-und-kultur/2019/09/attilas-hunnen-wer-waren-die-reiternomaden-aus-dem-osten, letzter Zugriff 5. August 2023.

2 Raimar Zons: »Einleitung.« In: Cathrin Gutwald u. Raimar Zons (Hrsg.) *Die Macht der Schönheit*, 2007, S. 17.

3 Helena Ziboji: »Schönheitsoperationen boomen im Iran. Mach mir ein Panther-Gesicht.« In: *Deutschlandfunk Kultur*, 13. April 2021, https://www.deutschlandfunkkultur.de/schoenheitsoperationen-boomen-im-iran-mach-mir-ein-panther-100.html, letzter Zugriff 15. August 2023.

4 o. V.: »Soziale Medien kurbeln Nachfrage nach Schönheitsoperationen an.« In: *Ärzteblatt*, 6. November 2019, https://www.aerzteblatt.de/nachrichten/107187/Soziale-Medien-kurbeln-Nachfrage-nach-Schoenheitsoperationen-an, letzter Zugriff 15. August 2023.

5 Vivien Ziermann: »19-jähige Influencerin Lenaglams riskiert ihr Leben für eine riskante Schönheits-OP.« In: *Gamezone*, 31. August 2022, https://www.gamezone.de/TikTok-Firma-274832/News/Lenaglams-Schoenheits-OP-BBL-1402345/, letzter Zugriff 15. August 2023.

6 Tired Asian Girl: »Stop Ariana Grande from exploiting cultures! She is white! Not black! Not Asian!« In: *Change.org*, 3. Dezember 2021, https://www.change.org/p/ariana-grande-stop-ariana-grande-from-exploiting-cultures-she-is-white-not-black-not-asian, letzter Zugriff 15. August 2023.

7 Emma Ogao: »TikTok's Obsession With Eye Shapes Is Quite Sinister, Actually.« In: *Refinery29*, 5. August 2022, https://www.refinery29.com/en-gb/tiktok-siren-doe-fox-eye-shape-trend, letzter Zugriff 18. Oktober 2022.

8 Vanessa Vu: »Größer, glatter, Gangnam.« In: *Zeit Online*, 4. Dezember 2019, https://www.zeit.de/kultur/2019-12/schoenheitsoperationen-seoul-suedkorea-gangnam-kliniken, letzter Zugriff 15. August 2023.

9 Funidelia, https://www.funidelia.de/kostueme/china/3087, letzter Zugriff 20. Oktober 2022.

10 Sarah Müller u. Nadine Ehlert: »Schminktipps zum Fasching – als Chinesin schminken.« In: *Helpster*, https://www.helpster.de/schminktipps-zum-fasching-als-chinesin-schminken_74248, letzter Zugriff 20. Oktober 2022.

11 Jesa Marie Calaor: »Gwen Stefani: ›I Said, My God, I'm Japanese‹.« In: *Allure*, 10. Januar 2023, https://www.allure.com/story/gwen-stefani-japanese-harajuku-lovers-interview, letzter Zugriff 2. Februar 2023.

Kapitel 10

1 Marina Klimchuk: »›Authentizität‹ ist eine falsche Freundin.« In: *Disorient*, 11. Dezember 2021, https://www.disorient.de/magazin/authentizitaet-ist-eine-falsche-freundin, letzter Zugriff 2. Februar 2023.

2 Henrik Bork: »Die Chinesen kommen.« In: *Süddeutsche Zeitung*, 17. Mai 2010, https://www.sueddeutsche.de/kultur/essen-wie-aus-dem-weltall-die-chinesen-kommen-1.436721, letzter Zugriff 9. Februar 2023.

3 Robert Lindsay: »California Grows Her Own Cuisine.« In: *The New York Times*, 18. August 1985, https://www.nytimes.com/1985/08/18/travel/california-grows-her-own-cuisine.html, letzter Zugriff 12. August 2023.

4 o. V.: »China-Restaurants: Einmal die 143, bitte.« In: *Tagesspiegel*, 15. Juni 2007, https://www.tagesspiegel.de/gesellschaft/einmal-die-143-bitte-1507789.html, letzter Zugriff 2. Februar 2023.

5 Ole G. Mouritsen & Klavs Styrbæk: *Umami*. Unlocking the Secrets of the Fifth Taste. Columbia University Press, 2014, S. 226–231.

6 Prawirohardjono u. a.: »The administration to Indonesians of monosodium L-glutamate in Indonesian foods:

an assessment of adverse reactions in a randomized double-blind, crossover, placebo-controlled study.« In: *J Nutr.* 2000 Apr, 130.

7 Helen Rosner: »An MSG convert visits the high church of umami.« In: *The New Yorker*, 27. April 2018, https://www.newyorker.com/culture/annals-of-gastronomy/an-msg-convert-visits-the-high-church-of-umami, letzter Zugriff 12. August 2023.

8 o. V.: »Gladbach: Giftspuren in Bubble Tea.« In: *Rheinische Post*, 22. August 2012, https://rp-online.de/leben/gesundheit/news/gladbach-giftspuren-in-bubble-tea_aid-14112751, letzter Zugriff 6. Feburar 2023.

9 o. V.: »Bubble Tea: Justiz ermittelt.« In: *Rheinische Post*, 23. August 2012, https://rp-online.de/politik/bubble-tea-justiz-ermittelt_aid-14112743, letzter Zugriff 6. Februar 2023.

10 Klaus Bardenhagen: »Gift im Bubble Tea? Oder Unsinn im Fernsehen?« In: *intaiwan*, 23. August 2012, https://intaiwan.net/2012/08/23/in-taiwan-werden-lebensmittel-uberhaupt-nicht-kontrolliert-gift-im-bubble-tea-oder-unsinn-im-fernsehen/, letzter Zugriff 6. Februar 2023.

11 o. V.: »Keine giftigen Stoffe im Bubble Tea gefunden.« In: *Lebensmittelpraxis*, 25. September 2012, https://lebensmittelpraxis.de/sortiment-aktuell/6927-keine-giftigen-stoffe-in-bubble-tea-gefunden.html, letzter Zugriff 6. Februar 2023.

12 Paul Christiansen: »The Harrowing History of Vietnam's Rubber Plantations«, in: *The Saigoneer*, 7. September 2019, https://saigoneer.com/saigon-culture/17206-the-harrowing-history-of-vietnam-s-rubber-plantations, letzter Zugriff 21. Dezember 2022.

13 Siêu Hải: Trăm năm truyện Thăng Long – Hà Nội. Nhà xuất bản Thanh niên, 2000.

14 Andrea Nguyen: »The History of Pho.« In: *Luckypeach*, 2017, https://web.archive.org/web/20160719133915/http://luckypeach.com/the-history-of-pho-andrea-nguyen/, letzter Zugriff 23. Januar 2023.

Kapitel 11

1 Sebastian Fischer: »Schreckliche Fotografie-Ikone. 50 Jahre Napalm-Mädchen.« in: *ZDF heute*, 8. Juni 2022, https://www.zdf.de/nachrichten/panorama/napalm-maedchen-fotografie-jahrestag-100.html, letzter Zugriff 15. August 2023.

2 Matteo Forgiarini, Marcello Gallucci u. Angelo Maravita: *Racism and the empathy for pain on our skin,* Mailand, 2011.

3 o. V.: »Wenn Rezepte beleidigen: Jamie Oliver stellt Experten für Cultural Appropriation ein.« In: *Rolling Pin*, 24. Januar 2022, https://www.rollingpin.at/news/rezepte-beleidigen-jamie-oliver-cultural-appropriation, letzter Zugriff 12. August 2023.

4 Emilia Roig: *Why We Matter,* Aufbau Verlag, Berlin, 2021, S. 340.

5 Petra Böhnke u. Boris Heizmann: »Die intergeneration-

ale Weitergabe von Armut bei MigrantInnen zweiter Generation.« In: H. Weiss, P. Schnell, G. Ateş (Hrsg.): *Zwischen den Generationen*. Springer VS, Wiesbaden, 2014, S. 137 ff.

HAMI NGUYEN ist 1989 in Vietnam geboren und 1991 mit ihrer Mutter nach Deutschland geflohen, wo ihr Vater als Vertragsarbeiter in der DDR gearbeitet hatte. Sie studierte VWL, Soziologie und Politikwissenschaften in Halle/Saale und Luzern. Sie arbeitet als Referentin in der Bildungsstätte Anne Frank in Frankfurt/ Main und setzt sich als Aktivistin unter @hamidala_ für eine gerechtere Gesellschaft ein.